PRACTICE - ASSESS - DIAGNOSE

180 Days of READING for Second Grade

Spanish

Author

Christine Dugan, M.A.Ed.

Shell Education

Publishing Credits

Dona Herweck Rice, *Editor-in-Chief;* Robin Erickson, *Production Director;*
Lee Aucoin, *Creative Director;* Timothy J. Bradley, *Illustration Manager;*
Conni Medina, M.A.Ed., *Editorial Director;* Sara Johnson, M.S.Ed., *Senior Editor;*
Aubrie Nielsen, M.S.Ed., *Editor;* Grace Alba, *Designer;* Maple Lam, *Illustrator;*
Stephanie Reid, *Photo Editor;* Corinne Burton, M.A.Ed., *Publisher*

Image Credits

Cover, Maple Lam; p. 96 Newscom; p. 144 NASA; p. 216 Getty images; all other images Shutterstock

Shell Education
5482 Argosy Avenue
Huntington Beach, CA 92649-1030
www.tcmpub.com/shell-education

ISBN 978-1-0876-4306-9

Printed by: **51307**
Printed In: **USA**
PO#: 14493

TABLE OF CONTENTS

INTRODUCTION AND RESEARCH

The Need for Practice

In order to be successful in today's reading classroom, students must deeply understand both concepts and procedures so that they can discuss and demonstrate their understanding. Demonstrating understanding is a process that must be continually practiced in order for students to be successful. According to Marzano, "practice has always been, and always will be, a necessary ingredient to learning procedural knowledge at a level at which students execute it independently" (2010, 83). Practice is especially important to help students apply reading comprehension strategies and word-study skills.

Understanding Assessment

In addition to providing opportunities for frequent practice, teachers must be able to assess students' comprehension and word-study skills. This is important so that teachers can adequately address students' misconceptions, build on their current understanding, and challenge them appropriately. Assessment is a long-term process that often involves careful analysis of student responses from a lesson discussion, a project, a practice sheet, or a test. When analyzing the data, it is important for teachers to reflect on how their teaching practices may have influenced students' responses and to identify those areas where additional instruction may be required. In short, the data gathered from assessments should be used to inform instruction: slow down, speed up, or reteach. This type of assessment is called *formative assessment.*

HOW TO USE THIS BOOK

180 Days of Reading for Second Grade offers teachers and parents a full page of daily reading comprehension and word-study practice activities for each day of the school year.

Easy to Use and Standards Based

These activities reinforce grade-level skills across a variety of reading concepts. The questions are provided as a full practice page, making them easy to prepare and implement as part of a classroom morning routine, at the beginning of each reading lesson, or as homework.

Every second-grade practice page provides questions that are tied to a reading or writing standard. Students are given the opportunity for regular practice in reading comprehension and word study, allowing them to build confidence through these quick standards-based activities.

Question	College and Career Readiness Standards
	Days 1–3
1–2	**Reading Anchor Standard 1:** *Read closely to determine what the text says explicitly and to make logical inferences from it* **or** **Reading Anchor Standard 2:** *Determine central ideas or themes of a text and analyze their development; summarize the key supporting details and ideas.*
3	**Reading Foundational Skills Standard:** *Know and apply grade-level phonics and word analysis skills in decoding words.*
4	**Reading Anchor Standard 4:** *Interpret words and phrases as they are used in a text, including determining technical, connotative, and figurative meanings, and analyze how specific word choices shape meaning or tone.*
	Day 4
1	**Reading Anchor Standard 1:** *Read closely to determine what the text says explicitly and to make logical inferences from it.*
2–3	**Reading Anchor Standard 10:** *Read and comprehend complex literary and informational texts independently and proficiently.*
4–5	**Reading Anchor Standard 2:** *Determine central ideas or themes of a text and analyze their development; summarize the key supporting details and ideas.*
	Day 5
	Writing Anchor Standard 4: *Produce clear and coherent writing in which the development, organization, and style are appropriate to task, purpose, and audience.*

HOW TO USE THIS BOOK *(cont.)*

Using the Practice Pages

Practice pages provide instruction and assessment opportunities for each day of the school year. The activities are organized into weekly themes, and teachers may wish to prepare packets of each week's practice pages for students. Days 1, 2, and 3 follow a consistent format, with a short piece of text and four corresponding items. As outlined on page 4, every item is aligned to a reading standard.

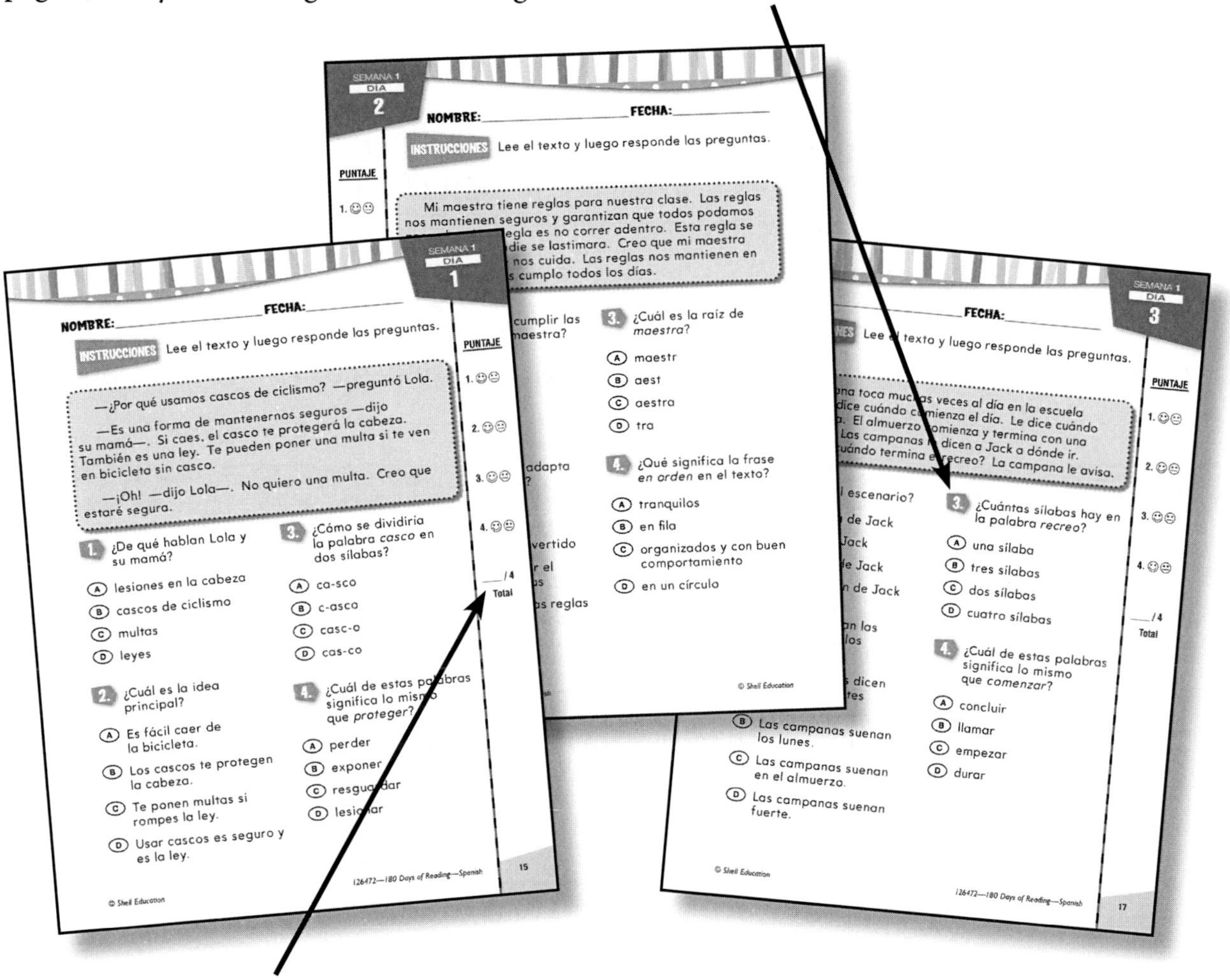

Using the Scoring Guide

Use the scoring guide along the side of each practice page to check answers and see at a glance which skills may need more reinforcement.

Fill in the appropriate circle for each problem to indicate correct (☺) or incorrect (😐) responses. You might wish to indicate only incorrect responses to focus on those skills. (For example, if students consistently miss items 2 and 4, they may need additional help with those concepts as outlined in the table on page 4.) Use the answer key at the back of the book to score the problems, or you may call out answers to have students self-score or peer-score their work.

HOW TO USE THIS BOOK *(cont.)*

NOMBRE: FECHA:

Simulacro de incendio

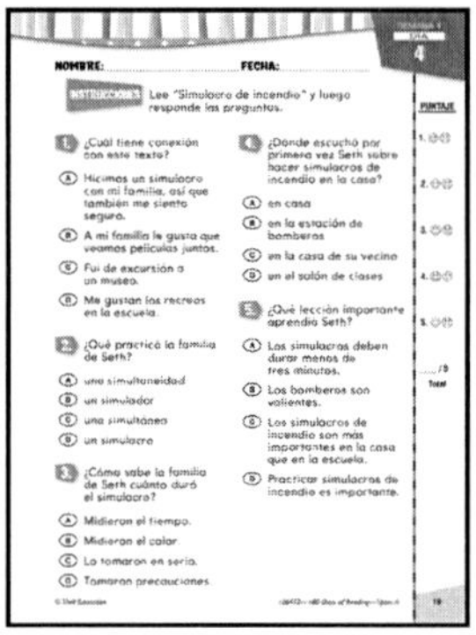
NOMBRE: FECHA:

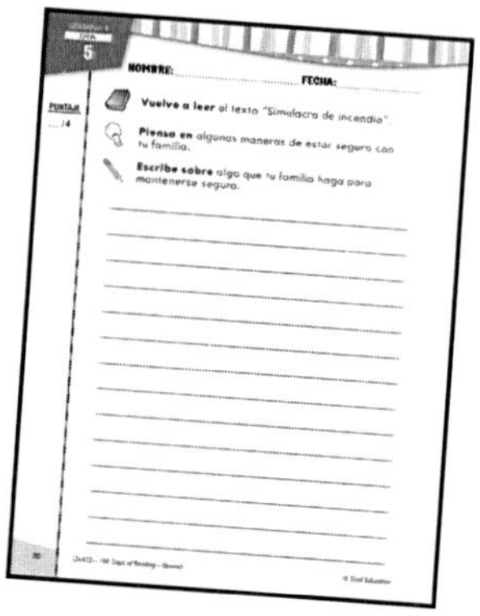
NOMBRE: FECHA:

A longer text is used for Days 4 and 5. Students answer more in-depth comprehension questions on Day 4 and complete a written response to the text on Day 5. This longer text can also be used for fluency practice (see page 7).

Writing Rubric

Score students' written responses using the rubric below. Display the rubric for students to reference as they write (G2_writing_rubric.pdf).

Points	Criteria
4	• Uses an appropriate organizational sequence to produce very clear and coherent writing • Uses descriptive language that develops or clarifies ideas • Engages the reader • Uses a style very appropriate to task, purpose, and audience
3	• Uses an organizational sequence to produce clear and coherent writing • Uses descriptive language that develops or clarifies ideas • Engages the reader • Uses a style appropriate to task, purpose, and audience
2	• Uses an organizational sequence to produce somewhat clear and coherent writing • Uses some descriptive language that develops or clarifies ideas • Engages the reader in some way • Uses a style somewhat appropriate to task, purpose, and audience
1	• Does not use an organized sequence; the writing is not clear or coherent • Uses little descriptive language to develop or clarify ideas • Does not engage the reader • Does not use a style appropriate to task, purpose, or audience
0	Offers no writing or does not respond to the assignment presented

HOW TO USE THIS BOOK *(cont.)*

Developing Students' Fluency Skills

What Is Fluency?

According to the National Reading Panel Report, there are five critical factors that are vital to effective reading instruction: phonemic awareness, phonics, fluency, vocabulary, and comprehension (2000). Rasinski (2006) defines fluency as "the ability to accurately and effortlessly decode the written words and then to give meaning to those words through appropriate phrasing and oral expression of the words." Wolf (2005) notes that the goal of developing fluency is comprehension rather than the ability to read rapidly. Becoming a fluent reader is a skill that develops gradually and requires practice. Reading text repeatedly with a different purpose each time supports the development of fluency in young children (Rasinski 2003).

Assessing Fluency

Fluent readers read accurately, with expression, and at a good pace. A Fluency Rubric along with detailed instructions for scoring and keeping oral reading records is included in the digital resources (G2_fluency.pdf).

The table below lists fluency norms by grade level (Rasinski 2003):

Student Fluency Norms Based On Words Correct Per Minute (WCPM)			
Grade	**Fall**	**Winter**	**Spring**
1	—	—	60 wcpm
2	53	78	94
3	79	93	114
4	99	112	118
5	105	118	128
6	115	132	145

HOW TO USE THIS BOOK *(cont.)*

Diagnostic Assessment

Teachers can use the practice pages as diagnostic assessments. The data analysis tools included with the book enable teachers or parents to quickly score students' work and monitor their progress. Teachers and parents can see at a glance which reading concepts or skills students may need to target in order to develop proficiency.

After students complete a practice page, grade each page using the answer key (pages 231–237). Then, complete the Practice Page Item Analysis for the appropriate day (pages 10–11) for the whole class, or the Student Item Analysis (pages 12–13) for individual students. These charts are also provided in the digital resources (filenames: G2_practicepage_analysis.pdf, G2_student_analysis.pdf). Teachers can input data into the electronic files directly on the computer, or they can print the pages and analyze students' work using paper and pencil.

To complete the Practice Page Item Analyses:

- Write or type students' names in the far-left column. Depending on the number of students, more than one copy of the form may be needed, or you may need to add rows.
- The item numbers are included across the top of the charts. Each item correlates with the matching question number from the practice page.
- For each student, record an *X* in the column if the student has the item incorrect. If the item is correct, leave the item blank.
- Count the *X*s in each row and column and fill in the correct boxes.

To complete the Student Item Analyses:

- Write or type the student's name on the top row. This form tracks the ongoing progress of each student, so one copy per student is necessary.
- The item numbers are included across the top of the chart. Each item correlates with the matching question number from the practice page.
- For each day, record an *X* in the column if the student has the item incorrect. If the item is correct, leave the item blank.
- Count the *X*s in each row and column and fill in the correct boxes.

HOW TO USE THIS BOOK *(cont.)*

Using the Results to Differentiate Instruction

Once results are gathered and analyzed, teachers can use the results to inform the way they differentiate instruction. The data can help determine which concepts are the most difficult for students and which need additional instructional support and continued practice. Depending on how often the practice pages are scored, results can be considered for instructional support on a daily or weekly basis.

Whole-Class Support

The results of the diagnostic analysis may show that the entire class is struggling with a particular concept or group of concepts. If these concepts have been taught in the past, this indicates that further instruction or reteaching is necessary. If these concepts have not been taught in the past, this data is a great preassessment and demonstrates that students do not have a working knowledge of the concepts. Thus, careful planning for the length of the unit(s) or lesson(s) must be considered, and extra frontloading may be required.

Small-Group or Individual Support

The results of the diagnostic analysis may show that an individual or small group of students is struggling with a particular concept or group of concepts. If these concepts have been taught in the past, this indicates that further instruction or reteaching is necessary. Consider pulling aside these students while others are working independently to instruct further on the concept(s). Teachers can also use the results to help identify individuals or groups of proficient students who are ready for enrichment or above-grade-level instruction. These students may benefit from independent-learning contracts or more challenging activities. Students may also benefit from extra practice using games or computer-based resources.

Digital Resources

Reference page 239 for information about accessing the digital resources and an overview of the contents.

PRACTICE PAGE ITEM ANALYSIS DAYS 1–3

Directions: Record an *X* in cells to indicate where students have missed questions. Add up the totals. You can view the following: (1) which items were missed per student; (2) the total correct score for each student; and (3) the total number of students who missed each item.

Week:________ Day:________ Item #	1	2	3	4	# correct
Student Name					
Sample Student		X			3/4
# of students missing each question					

PRACTICE PAGE ITEM ANALYSIS DAYS 4–5

Directions: Record an *X* in cells to indicate where students have missed questions. Add up the totals. You can view the following: (1) which items were missed per student; (2) the total correct score for each student; and (3) the total number of students who missed each item.

Week:_____ Day:_____ Item #	1	2	3	4	5	# correct	Written Response
Student Name							
Sample Student		X			X	3/5	3
# of students missing each question							**Written Response Average:**

STUDENT ITEM ANALYSIS DAYS 1-3

Directions: Record an *X* in cells to indicate where the student has missed questions. Add up the totals. You can view the following: (1) which items the student missed; (2) the total correct score per day; and (3) the total number of times each item was missed.

Student Name: Sample Student						
Item		**1**	**2**	**3**	**4**	**# correct**
Week	**Day**					
1	1		X			3/4
Total						

STUDENT ITEM ANALYSIS DAYS 4-5

Directions: Record an *X* in cells to indicate where the student has missed questions. Add up the totals. You can view: (1) which items the student missed; (2) the total correct score per day; and (3) the total number of times each item was missed.

Student Name: Sample Student							
	Day 4						Day 5
Item	**1**	**2**	**3**	**4**	**5**	**# correct**	**Written Response**
Week							
1		X			X	3/5	3
Total							
							Written Response Average:

STANDARDS CORRELATIONS

Shell Education is committed to producing educational materials that are research and standards based. In this effort, we have correlated all of our products to the academic standards of all 50 United States, the District of Columbia, the Department of Defense Dependent Schools, and all Canadian provinces.

How To Find Standards Correlations

To print a customized correlation report of this product for your state, visit our website at **www.tcmpub.com/shell-education** and follow the on-screen directions. If you require assistance in printing correlation reports, please contact Customer Service at 1-877-777-3450.

Purpose and Intent of Standards

Legislation mandates that all states adopt academic standards that identify the skills students will learn in kindergarten through grade twelve. Many states also have standards for Pre-K. This same legislation sets requirements to ensure the standards are detailed and comprehensive.

Standards are designed to focus instruction and guide adoption of curricula. Standards are statements that describe the criteria necessary for students to meet specific academic goals. They define the knowledge, skills, and content students should acquire at each level. Standards are also used to develop standardized tests to evaluate students' academic progress. Teachers are required to demonstrate how their lessons meet state standards. State standards are used in the development of all of our products, so educators can be assured they meet the academic requirements of each state.

College and Career Readiness

The activities in this book are aligned to the college and career readiness (CCR) standards. The chart on page 4 lists each standard that is addressed in this product.

TESOL and WIDA Standards

The activities in this book promote English language development for English language learners.

NOMBRE:_______________________ **FECHA:**_______________

INSTRUCCIONES Lee el texto y luego responde las preguntas.

—¿Por qué usamos cascos de ciclismo? —preguntó Lola.

—Es una forma de mantenernos seguros —dijo su mamá—. Si caes, el casco te protegerá la cabeza. También es una ley. Te pueden poner una multa si te ven en bicicleta sin casco.

—¡Oh! —dijo Lola—. No quiero una multa. Creo que estaré segura.

1. ¿De qué hablan Lola y su mamá?

(A) lesiones en la cabeza
(B) cascos de ciclismo
(C) multas
(D) leyes

2. ¿Cuál es la idea principal?

(A) Es fácil caer de la bicicleta.
(B) Los cascos te protegen la cabeza.
(C) Te ponen multas si rompes la ley.
(D) Usar cascos es seguro y es la ley.

3. ¿Cómo se dividiría la palabra *casco* en dos sílabas?

(A) ca-sco
(B) c-asco
(C) casc-o
(D) cas-co

4. ¿Cuál de estas palabras significa lo mismo que *proteger*?

(A) perder
(B) exponer
(C) resguardar
(D) lesionar

PUNTAJE

1. ☺ 😐
2. ☺ 😐
3. ☺ 😐
4. ☺ 😐

____ / 4
Total

NOMBRE:____________________ **FECHA:**________________

INSTRUCCIONES Lee el texto y luego responde las preguntas.

PUNTAJE

1. ☺😐
2. ☺😐
3. ☺😐
4. ☺😐

____ / 4
Total

Mi maestra tiene reglas para nuestra clase. Las reglas nos mantienen seguros y garantizan que todos podamos aprender. Una regla es no correr adentro. Esta regla se hizo para que nadie se lastimara. Creo que mi maestra verdaderamente nos cuida. Las reglas nos mantienen en orden, así que las cumplo todos los días.

1. ¿Quién debe cumplir las reglas de la maestra?

- Ⓐ el estudiante
- Ⓑ la maestra
- Ⓒ el director
- Ⓓ toda la clase

2. ¿Qué título se adapta mejor al texto?

- Ⓐ Un estudiante comprensivo
- Ⓑ Correr no es divertido
- Ⓒ Cómo mantener el orden con reglas
- Ⓓ Cómo romper las reglas

3. ¿Cuál es la raíz de *maestra*?

- Ⓐ maestr
- Ⓑ aest
- Ⓒ aestra
- Ⓓ tra

4. ¿Qué significa la frase *en orden* en el texto?

- Ⓐ tranquilos
- Ⓑ en fila
- Ⓒ organizados y con buen comportamiento
- Ⓓ en un círculo

NOMBRE:______________________ **FECHA:**______________

INSTRUCCIONES Lee el texto y luego responde las preguntas.

PUNTAJE

La campana toca muchas veces al día en la escuela de Jack. Le dice cuándo comienza el día. Le dice cuándo termina el día. El almuerzo comienza y termina con una campanada. Las campanas le dicen a Jack a dónde ir. ¿Cómo sabe cuándo termina el recreo? La campana le avisa.

1. ¿Cuál es el escenario?

Ⓐ la bicicleta de Jack

Ⓑ la casa de Jack

Ⓒ la escuela de Jack

Ⓓ la habitación de Jack

2. ¿Cómo ayudan las campanas a los estudiantes?

Ⓐ Las campanas dicen a los estudiantes a dónde ir.

Ⓑ Las campanas suenan los lunes.

Ⓒ Las campanas suenan en el almuerzo.

Ⓓ Las campanas suenan fuerte.

3. ¿Cuántas sílabas hay en la palabra *recreo*?

Ⓐ una sílaba

Ⓑ tres sílabas

Ⓒ dos sílabas

Ⓓ cuatro sílabas

4. ¿Cuál de estas palabras significa lo mismo que *comenzar*?

Ⓐ concluir

Ⓑ llamar

Ⓒ empezar

Ⓓ durar

1. ☺ 😐

2. ☺ 😐

3. ☺ 😐

4. ☺ 😐

____ / 4
Total

NOMBRE:____________________ **FECHA:**______________

Simulacro de incendio

Seth aprendió sobre simulacros de incendio en la escuela. Su clase fue de excursión a la estación de bomberos. Los bomberos hablaron con los estudiantes sobre la seguridad. Las escuelas hacen simulacros de incendio para preparar a los estudiantes para un incendio. Los bomberos les dijeron a los estudiantes que también deberían hacer simulacros de incendio en la casa.

Seth fue a casa y dijo a sus padres lo que había aprendido. Su familia decidió intentar un simulacro de incendio. Primero, probaron sus alarmas para incendios. Querían verificar que las alarmas aún funcionaran. Luego, fingieron que la alarma sonaba. Salieron de la casa y midieron el tiempo del simulacro. Duraron tres minutos. Todos estuvieron de acuerdo en que podían hacerlo mejor. Volverían a intentarlo.

Seth estaba feliz. Se sentía seguro. Se alegró de que su familia hiciera un simulacro de incendio. Sabía que los bomberos estarían orgullosos.

NOMBRE:_______________________ **FECHA:**_______________

INSTRUCCIONES Lee "Simulacro de incendio" y luego responde las preguntas.

1. ¿Cuál tiene conexión con este texto?

Ⓐ Hicimos un simulacro con mi familia, así que también me siento seguro.

Ⓑ A mi familia le gusta que veamos películas juntos.

Ⓒ Fui de excursión a un museo.

Ⓓ Me gustan los recreos en la escuela.

2. ¿Qué practicó la familia de Seth?

Ⓐ una simultaneidad

Ⓑ un simulador

Ⓒ una simultánea

Ⓓ un simulacro

3. ¿Cómo sabe la familia de Seth cuánto duró el simulacro?

Ⓐ Midieron el tiempo.

Ⓑ Midieron el calor.

Ⓒ Lo tomaron en serio.

Ⓓ Tomaron precauciones.

4. ¿Dónde escuchó por primera vez Seth sobre hacer simulacros de incendio en la casa?

Ⓐ en casa

Ⓑ en la estación de bomberos

Ⓒ en la casa de su vecino

Ⓓ en el salón de clases

5. ¿Qué lección importante aprendió Seth?

Ⓐ Los simulacros deben durar menos de tres minutos.

Ⓑ Los bomberos son valientes.

Ⓒ Los simulacros de incendio son más importantes en la casa que en la escuela.

Ⓓ Practicar simulacros de incendio es importante.

PUNTAJE

1. ☺ 😐

2. ☺ 😐

3. ☺ 😐

4. ☺ 😐

5. ☺ 😐

____ / 5

Total

NOMBRE:____________________ **FECHA:**_______________

PUNTAJE

___ / 4

Vuelve a leer el texto "Simulacro de incendio".

Piensa en algunas maneras de estar seguro con tu familia.

Escribe sobre algo que tu familia haga para mantenerse segura.

NOMBRE: ____________________ **FECHA:** ______________

INSTRUCCIONES Lee el texto y luego responde las preguntas.

El surf es un deporte muy divertido para quienquiera que disfrute de paseos emocionantes. Los surfistas montan olas en sus tablas de surf. Aprenden cómo pararse. Montan las mejores partes de una ola. ¡Siempre buscan experiencias divertidas!

1. ¿Cuál es el tema principal?

- (A) deportes
- (B) el océano
- (C) olas
- (D) surf

2. De acuerdo con este texto, ¿quién disfruta del surf?

- (A) personas que viven cerca del océano
- (B) personas que pueden nadar
- (C) personas que buscan experiencias emocionantes
- (D) personas que pueden pararse

3. ¿Cuál de estas palabras del texto es una palabra compuesta?

- (A) emocionante
- (B) buscan
- (C) quienquiera
- (D) surfistas

4. ¿Qué significa la palabra *emocionante*?

- (A) lleno de entusiasmo
- (B) húmedo
- (C) temeroso
- (D) agua

PUNTAJE

1. ☺ 😐
2. ☺ 😐
3. ☺ 😐
4. ☺ 😐

___ / 4 Total

NOMBRE:_____________________ **FECHA:**_______________

INSTRUCCIONES Lee el texto y luego responde las preguntas.

PUNTAJE

1. ☺😐

2. ☺😐

3. ☺😐

4. ☺😐

____ / 4
Total

Los guardavidas verifican que las playas sean seguras. Algunos días, el océano está demasiado turbulento como para nadar. Las olas son demasiado grandes. Los guardavidas alzan una bandera. Dos banderas rojas avisan a las personas que la playa está cerrada. El océano es muy poderoso. Hasta los nadadores más fuertes no pueden nadar en olas gigantes.

1. ¿Qué título se adapta mejor al texto?

Ⓐ Entrenamiento de guardavidas
Ⓑ Cómo permanecer seguros en la playa
Ⓒ Cómo alzar banderas
Ⓓ Más olas gigantes

2. ¿Cuál es el trabajo principal de un guardavidas?

Ⓐ observar olas gigantes
Ⓑ nadar en el océano
Ⓒ alzar banderas
Ⓓ verificar que la playa esté segura

3. ¿Cuál es la raíz en *poderoso*?

Ⓐ ode
Ⓑ poder
Ⓒ der
Ⓓ oso

4. ¿Cuáles de estas cosas podrían considerarse *demasiado turbulento*?

Ⓐ saltar en la cama
Ⓑ columpiarse alto en los columpios
Ⓒ un río
Ⓓ un arco de fútbol

NOMBRE:________________________ **FECHA:**________________

INSTRUCCIONES Lee el texto y luego responde las preguntas.

Los ataques de tiburones son aterradores. La mayoría de los tiburones comen carne. Les gustan los peces grandes o las focas. No cazan seres humanos, pero los ataques ocurren. Los ataques son muy poco frecuentes. Los tiburones pueden morder a una persona que nada en el océano. Quizás crean que están comiendo una foca.

1. ¿De qué trata en general este texto?

- (A) focas
- (B) ataques de tiburón
- (C) el océano
- (D) alimento para tiburones

2. ¿Qué **no** dice este texto sobre ataques de tiburones a seres humanos?

- (A) Los tiburones a veces confunden a los seres humanos con comida.
- (B) Son aterradores.
- (C) Pueden ocurrir en aguas cálidas.
- (D) Son poco frecuentes.

3. ¿Qué palabra tiene la misma raíz que *comiendo*?

- (A) ríe
- (B) comida
- (C) miente
- (D) endógeno

4. ¿Cuáles palabras del texto tienen significados similares?

- (A) *poco frecuente* y *aterrador*
- (B) *gustar* y *morder*
- (C) *atacar* y *cazar*
- (D) *pensar* y *gustar*

PUNTAJE

1. ☺ 😐
2. ☺ 😐
3. ☺ 😐
4. ☺ 😐

____ / 4
Total

NOMBRE:_______________________ **FECHA:**_______________

Investigación sobre pozas de marea

Las pozas de marea son charcas pequeñas y rocosas. Se encuentran en la playa. Se llenan de agua en marea alta. En marea baja, el agua se aleja. Las personas luego pueden caminar hacia ellas. Ahí viven plantas y animales.

Una poza de marea es un hábitat único. Los organismos deben sobrevivir en marea alta y baja. Corren un gran riesgo. Pueden ser arrastrados por el océano. A las gaviotas les gusta merendar criaturas de las pozas de marea. Demasiado sol también puede secarlas.

Las estrellas de mar viven en las pozas de marea. Las estrellas de mar son de una variedad de tamaños y colores. Les gusta comer mejillones. ¡Una estrella de mar se quiere comer un mejillón antes de que se lo coma una gaviota!

Las anémonas también viven en pozas de marea. Comen peces muy pequeños. Buscar anémonas es divertido. Son un poco parecidas a las flores. Agregan mucho color a una poza de marea.

NOMBRE:__________________________ **FECHA:**_________________

INSTRUCCIONES Lee "Investigación sobre pozas de marea" y luego responde las preguntas.

1. ¿Cuál tiene conexión con el texto?

- (A) Me gusta jugar en un arenero en el parque.
- (B) Juego en la playa con mis abuelos.
- (C) Noté una poza de marea en la playa y estudié las criaturas que hay dentro.
- (D) Una estrella de mar una estrella.

2. ¿A qué tipo de ave le gusta comer almejas?

- (A) gabiotas
- (B) gaviotas
- (C) geviotas
- (D) gaveotas

3. ¿Cuándo deja el agua la poza de marea?

- (A) en un mar bajo
- (B) en marea baja
- (C) en lo más bajo
- (D) en el monte bajo

4. ¿Por qué una poza de marea es un hábitat único?

- (A) Las estrellas de mar lucen todas iguales.
- (B) Las aves se alimentan allí.
- (C) Existe en marea baja y alta.
- (D) Se encuentra en la playa.

5. ¿Cuál es el mejor resumen del texto?

- (A) Las pozas de marea son hábitats únicos con plantas y animales interesantes.
- (B) A las estrellas de mar les gusta comer almejas.
- (C) Las pozas de marea ocupan espacio de nuestras playas.
- (D) Las anémonas comen peces pequeños.

PUNTAJE

1. ☺ 😐
2. ☺ 😐
3. ☺ 😐
4. ☺ 😐
5. ☺ 😐

____ / 5
Total

NOMBRE:______________________ **FECHA:**________________

PUNTAJE

___ / 4

Vuelve a leer el texto "Investigación sobre pozas de marea".

Piensa en lo que desearías ver en un viaje a la playa.

Escribe sobre qué criaturas buscarías al caminar por la arena.

NOMBRE:________________________ **FECHA:**________________

INSTRUCCIONES Lee el texto y luego responde las preguntas.

Félix tiene una colección especial. Agrega muchos elementos. Van en una caja de la naturaleza. Encuentra cosas en caminatas. Los elementos llaman su atención. Algunos días, ve una roca. Otras veces, encuentra un palito. Ve flores lindas. Félix está orgulloso de su colección.

1. ¿Dónde encuentra Félix elementos para su caja de la naturaleza?

- (A) en una caja
- (B) afuera en sus caminatas
- (C) en casa
- (D) en la escuela

2. ¿Cuál es el tema principal?

- (A) ojos
- (B) una colección
- (C) caminar
- (D) flores

3. ¿Cuál es la raíz de *colección*?

- (A) lección
- (B) colec
- (C) col
- (D) lec

4. ¿Qué significa la frase *llaman su atención* en el texto?

- (A) despiertan interés
- (B) lo llaman
- (C) lo miran
- (D) brillan en el sol

PUNTAJE

1. ☺ 😐
2. ☺ 😐
3. ☺ 😐
4. ☺ 😐

____ / 4
Total

NOMBRE:_______________________ **FECHA:**______________

INSTRUCCIONES Lee el texto y luego responde las preguntas.

PUNTAJE

1. ☺😐

2. ☺😐

3. ☺😐

4. ☺😐

___ / 4
Total

La maestra dijo que las matemáticas nos rodean. No estaba segura de lo que quería decir. Nos dijo que pensáramos en cómo ordenamos los juguetes en casa. Teníamos que ponerlos en diferentes categorías. Mi mamá me ayudó. Ordenamos todas mis cosas en grupos. Hice un cuadro especial que mostraba los grupos. A mi maestra realmente le gustó mi trabajo.

1. ¿Quién es el narrador en el texto?

(A) un estudiante
(B) una maestra
(C) un director
(D) una mamá

2. ¿Qué título podría describir mejor la idea principal?

(A) Las palabras de una maestra
(B) Diversión con juguetes
(C) Matemáticas en el mundo real
(D) Categorías en el hogar

3. ¿Cuál es la raíz de *mostraba*?

(A) mostra
(B) ost
(C) ostraba
(D) tra

4. ¿Qué quiso decir la maestra cuando dijo que las matemáticas *nos rodean*?

(A) El tiempo para matemáticas es todo el día.
(B) La tarea de matemáticas no se hace siempre.
(C) Las matemáticas se tratan sobre lo que hay en el aire.
(D) Las matemáticas se encuentran en el mundo real.

NOMBRE:________________________ **FECHA:**________________

INSTRUCCIONES Lee el texto y luego responde las preguntas.

A Max le gustan sus automóviles de juguete. Algunos días, juega con ellos durante horas. Tiene diferentes tipos de automóviles. Algunos son automóviles de carreras y otros son camiones. Tiene muchos juegos diferentes con los que juega. A sus amigos también les gustan los automóviles, así que intercambian automóviles entre ellos. Max prefiere los automóviles antes que cualquier otro juguete en casa.

1. ¿Con qué le gusta jugar más a Max que con sus automóviles?

- (A) relojes
- (B) camiones
- (C) juegos
- (D) nada

2. ¿Cuál es la idea principal?

- (A) Max tiene amigos.
- (B) A Max le gustan los automóviles de carreras.
- (C) Max disfruta de sus automóviles de juguete más que de ningún otro juguete.
- (D) Max intercambia automóviles.

3. ¿Qué palabra tiene la misma raíz que *preferido*?

- (A) preformado
- (B) preferencia
- (C) referido
- (D) referí

4. ¿Cuál de estas palabras significa *preferir*?

- (A) pedir
- (B) favorecer
- (C) elegir
- (D) decidir

PUNTAJE

1. ☺ 😐
2. ☺ 😐
3. ☺ 😐
4. ☺ 😐

____ / 4
Total

NOMBRE:_______________________ **FECHA:**_______________

Cosas que vienen en grupos

Chloe siente curiosidad sobre algo. Se pregunta qué objetos puede encontrar en la casa que vengan en grupos. Primero, piensa en grupos de dos. ¿Qué viene en grupos de dos?

Chloe primero va a su armario. Los zapatos y las medias vienen de a dos, y los mitones y las orejeras también.

Chloe visita la cocina. El salero y el pimentero vienen de a dos. Un tenedor y un cuchillo sobre la mesa vienen de a dos. Ella nota el tostador y ve que tiene dos ranuras. Eso también cabe en este grupo. La mamá de Chloe le da una idea. ¡Mira en el espejo! Hay otras cosas que vienen de a dos.

Eso recuerda algo a Chloe. Los dedos de las manos y de los pies vienen en grupos de cinco. ¡También puede formar grupos de diez!

¿Qué pasa con los grupos de doce? Chloe cuenta los huevos, su lata de pastelitos y su colección de caballos. Todos ellos vienen en grupos de doce.

Su mamá tiene una pregunta. Le pregunta a Chloe por qué le importan los grupos. Chloe dice: "Me gusta cuando las cosas no están solas porque un grupo es como una familia". A su mamá le gustan los buenos pensamientos de la respuesta de Chloe.

NOMBRE:______________________ **FECHA:**______________

INSTRUCCIONES Lee "Cosas que vienen en grupos" y luego responde las preguntas.

1. ¿Cuál tiene conexión con el texto?

- (A) Tengo una colección de calcomanías.
- (B) Los huevos también vienen en grupos de 12.
- (C) No tengo medias hoy.
- (D) Mi armario probablemente es más pequeño que el de Chloe.

2. ¿A qué grupo pertenecen los mitones?

- (A) grupos de dos
- (B) grupos de doce
- (C) grupos de don
- (D) grupos de do

3. ¿Qué tiene el tostador?

- (A) dos ranuras
- (B) dos ranas
- (C) dos ranos
- (D) dos renos

4. ¿Qué pregunta respondió Chloe?

- (A) ¿Cuánto es 5 + 5?
- (B) ¿Qué objetos de la casa vienen en grupos?
- (C) ¿Dónde están mis mitones?
- (D) ¿Por qué vienen los huevos en un cartón?

5. ¿Cuál **no** pertenecería al texto "Cosas que vienen en grupos"?

- (A) aros
- (B) pulgares
- (C) chanclas
- (D) ombligos

PUNTAJE

1. ☺ 😐
2. ☺ 😐
3. ☺ 😐
4. ☺ 😐
5. ☺ 😐

____ / 5
Total

NOMBRE:____________________ **FECHA:**______________

PUNTAJE

___ / 4

Vuelve a leer el texto "Cosas que vienen en grupos".

Piensa en los grupos que existen en tu casa.

Escribe sobre los grupos y descríbelos y describe las categorías a las que pertenecen.

NOMBRE:____________________________ **FECHA:**__________________

INSTRUCCIONES Lee el texto y luego responde las preguntas.

Las personas viven en lugares pequeños y grandes. Las áreas más pequeñas se llaman *pueblos*. Las áreas más grandes se llaman *ciudades*. Estos se agrupan en un espacio más grande. Se llama *estado*. Muchos estados forman un *país*. Las personas de un país son todas diferentes. Pero también tienen algunas cosas en común.

1. ¿Cuál es la idea principal?

(A) Los estados están formados por ciudades y pueblos, y los países están formados por estados.

(B) Un estado es más grande que un pueblo.

(C) Los pueblos y las ciudades son diferentes.

(D) Las personas de un país no son las mismas.

2. ¿Cuál es la diferencia entre pueblos y ciudades?

(A) Los estados están formados por ciudades, no pueblos.

(B) Las personas viven más alejadas en un pueblo.

(C) Los pueblos están en el país.

(D) Los pueblos son más pequeños que las ciudades.

3. ¿Cuál es la raíz de *agrupan*?

(A) gru

(B) grup

(C) upan

(D) rupan

4. ¿Qué definición de *espacio* se usa en este texto?

(A) espacio en blanco entre palabras

(B) galaxia

(C) área

(D) habitación

PUNTAJE

1. ☺ 😐

2. ☺ 😐

3. ☺ 😐

4. ☺ 😐

____ / 4

Total

NOMBRE:____________________ **FECHA:**______________

PUNTAJE

1. ☺ 😐
2. ☺ 😐
3. ☺ 😐
4. ☺ 😐

____ / 4 Total

INSTRUCCIONES Lee el texto y luego responde las preguntas.

Hay muchos tipos distintos de banderas. A menudo tienen la forma de un rectángulo. Una bandera puede sostenerse u ondearse. ¡Algunas banderas incluso se giran! Las banderas flamean en el viento. Tienen toda clase de diseños. Las personas cuelgan banderas para mostrar respeto. Posiblemente desean honrar un día especial.

1. ¿Qué título se adapta mejor al texto?

- (A) Tiempo de bandera
- (B) Mostrar respeto
- (C) Banderas para todos los motivos
- (D) Giros

2. De acuerdo con este texto, ¿cómo se usan las banderas?

- (A) Se sostienen.
- (B) Se ondean.
- (C) Se hacen girar.
- (D) Todas las opciones anteriores.

3. ¿Cuántas sílabas hay en la palabra *diseños*?

- (A) una sílaba
- (B) tres sílabas
- (C) dos sílabas
- (D) cuatro sílabas

4. ¿Qué más tiene la forma de un *rectángulo*?

- (A) una puerta
- (B) un reloj
- (C) una porción de pizza
- (D) un pastelito

NOMBRE:____________________ **FECHA:**_______________

INSTRUCCIONES Lee el texto y luego responde las preguntas.

Los Juegos Olímpicos son un evento deportivo. Se realizan cada dos años. Compiten atletas de todo el mundo. Ellos compiten por medallas. Hay juegos de verano. Hay juegos de invierno. Los atletas son los mejores en su deporte. A las personas de todo el mundo les gusta verlos. ¡Apoyan a su país!

1. ¿Cuál es el tema principal?

- (A) deportes
- (B) los Juegos Olímpicos
- (C) atletas
- (D) juegos de verano e invierno

2. ¿Cuál **no** describe los Juegos Olímpicos?

- (A) un evento deportivo en verano e invierno
- (B) un evento deportivo con países que compiten unos contra otros
- (C) un evento deportivo que nadie mira
- (D) un evento deportivo con medallas para los ganadores

3. ¿Qué palabra tiene la misma raíz que *deportivo*?

- (A) resoplido
- (B) deportes
- (C) conversación
- (D) puerto

4. ¿Qué palabra significa *intentar ganar*?

- (A) mirar
- (B) apoyar
- (C) competir
- (D) atletas

PUNTAJE

1. ☺ 😐
2. ☺ 😐
3. ☺ 😐
4. ☺ 😐

____ / 4
Total

NOMBRE:____________________ **FECHA:**_______________

Símbolos de un país

Las personas se sienten orgullosas de un país. Comparten ese orgullo con otras. Esto hace que una nación sea especial.

Los símbolos muestran orgullo. Representan a un país. Un tipo de símbolo es una bandera. Cada bandera es única. Las personas ondean la bandera. Esto muestra respeto. Las banderas son tratadas con honor.

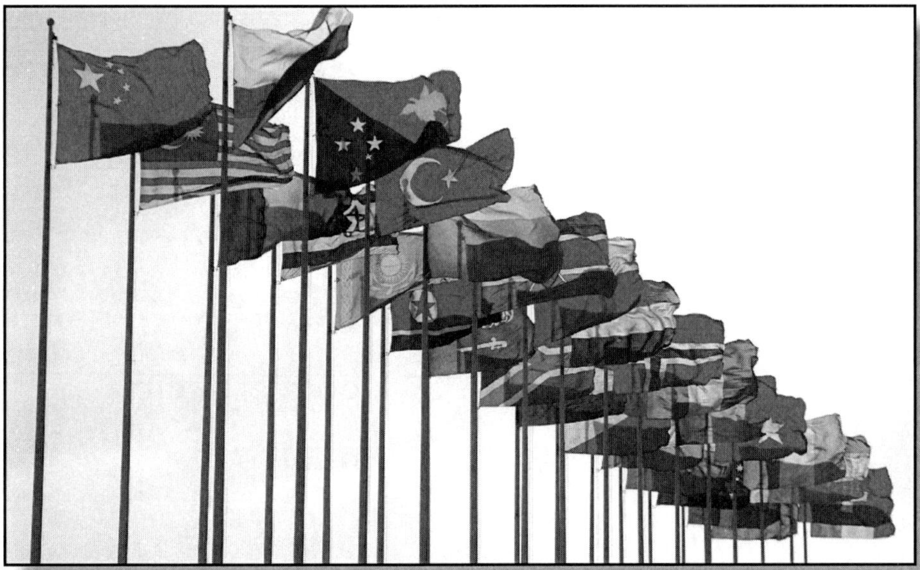

Los países tienen himnos. Un *himno* es una canción. Las personas aprenden la letra. Los himnos se cantan en momentos especiales. Muestran apoyo por un país. También hay otras canciones especiales sobre países. Son canciones *patrióticas*. A las personas les gusta cantar estas canciones. Esto significa que son leales.

Las personas aman a su país. Quieren visitar lugares especiales. Estos lugares son parte de la historia de una nación. Un lugar puede ser una estatua. O podría ser un monumento. Estos son tesoros nacionales. Ayudan a que las personas sepan de dónde son.

Cada nación es única. Las personas sienten orgullo por su patria.

NOMBRE:____________________ **FECHA:**______________

INSTRUCCIONES Lee "Símbolos de un país" y luego responde las preguntas.

1. ¿Quién puede identificarse fácilmente con el texto?

- (A) una persona a quien le encanta cantar
- (B) un estudiante que dice el juramento a la bandera todos los días
- (C) un guardavidas que ondea la bandera en la playa
- (D) una persona que disfruta los viajes

2. ¿Qué es un himno?

- (A) una canción
- (B) una cantón
- (C) un canzón
- (D) un cantón

3. ¿Cuál es un ejemplo del símbolo de un país?

- (A) una vandera
- (B) una bananera
- (C) una bandera
- (D) una bandra

4. Según este texto, ¿cómo se sienten las personas sobre su país?

- (A) alentadoras
- (B) asustadas
- (C) llenas de orgullo
- (D) confundidas

5. ¿Cuál es el mejor resumen del texto?

- (A) Un himno es una canción patriótica.
- (B) Una bandera es un símbolo.
- (C) Los símbolos de un país se usan para mostrar orgullo y lealtad.
- (D) Un monumento es un lugar especial.

PUNTAJE

1. ☺ 😐
2. ☺ 😐
3. ☺ 😐
4. ☺ 😐
5. ☺ 😐

____ / 5 **Total**

NOMBRE:____________________________ **FECHA:**____________________

PUNTAJE

___ / 4

Vuelve a leer el texto "Símbolos de un país".

Piensa en símbolos de tu país de origen.

Escribe sobre los símbolos que son importantes para ti. ¿Por qué son importantes para ti?

NOMBRE:______________________ **FECHA:**______________

INSTRUCCIONES Lee el texto y luego responde las preguntas.

PUNTAJE

La joven caminaba en la playa. ¿Qué vio en el agua? ¿Era un delfín, un tiburón o una ballena? Ella sabía que había algo por ahí. Tenía una aleta interesante. No perdía de vista el mismo punto. Luego, desde el agua emergió la cabeza de una hermosa niña. Comprendió algo increíble. Acababa de ver una sirena.

1. ¿Qué sucedió justo después de que la niña viera la aleta?

- (A) Supo que era una sirena.
- (B) Vio una cabeza.
- (C) No perdía de vista el mismo punto.
- (D) Gritó.

2. ¿Cómo sabes que el texto es fantasía?

- (A) Las jóvenes no caminan solas por la playa.
- (B) Las sirenas no son reales.
- (C) Las sirenas no son niñas.
- (D) Los tiburones y las ballenas comen sirenas.

3. ¿Cuántas sílabas hay en la palabra *increíble*?

- (A) una sílaba
- (B) dos sílabas
- (C) cuatro sílabas
- (D) tres sílabas

4. ¿Qué palabra significa *comprender*?

- (A) mencionar
- (B) encontrar
- (C) respirar
- (D) entender

1. ☺😐

2. ☺😐

3. ☺😐

4. ☺😐

____ / 4
Total

NOMBRE:_______________________ **FECHA:**_______________

INSTRUCCIONES Lee el texto y luego responde las preguntas.

PUNTAJE

1. ☺☹
2. ☺☹
3. ☺☹
4. ☺☹

____ / 4
Total

Mamá y papá no parecían normales hoy. Nuestra rutina era diferente. Ambos se preparaban para trabajar mientras yo desayunaba. Parecían ansiosos de salir. Me preparé para caminar hacia la parada del autobús. Busqué a papá para que viniera conmigo. Fue entonces cuando noté el objeto extraño en nuestro césped. ¿Por qué iban papá y mamá adentro?

1. ¿Quién es el narrador en el texto?

Ⓐ un niño
Ⓑ una madre
Ⓒ un padre
Ⓓ un marciano

2. ¿Qué título se adapta mejor al texto?

Ⓐ La parada del autobús
Ⓑ Un día normal
Ⓒ Una mañana extraña
Ⓓ Desayuno con la familia

3. ¿Qué palabra tiene la misma raíz que *caminar*?

Ⓐ caminó
Ⓑ cambiar
Ⓒ hablar
Ⓓ minar

4. ¿Qué palabra **no** da al lector una idea sobre el tono del texto?

Ⓐ diferente
Ⓑ preparado
Ⓒ ansioso
Ⓓ extraño

NOMBRE:______________________ **FECHA:**______________

INSTRUCCIONES Lee el texto y luego responde las preguntas.

José caminaba por la calle y miraba al piso.

—¿Qué haces, José? —preguntó su mamá. Estaba desconcertada. José seguía saltando sobre algo.

—Intento evitar las grietas, mami —dijo José. José trataba de no pisar las grietas de la acera y era un trabajo duro. Pensaba que algo malo podía pasarle si pisaba una grieta. Se comportaba de manera supersticiosa.

1. ¿Por qué José mira hacia el piso?

- (A) No quiere hablar con su mamá.
- (B) Busca grietas en la acera.
- (C) Busca insectos para pisar.
- (D) Trata de ser bueno.

2. ¿Por qué José evita las grietas de la acera?

- (A) Cree que algo malo podría suceder.
- (B) Le gusta saltar.
- (C) Se siente frustrado con su mamá.
- (D) No puede verlas.

3. ¿Qué raíz con *–aba* al final **no** está en el texto?

- (A) camin
- (B) mir
- (C) pens
- (D) trabaj

4. ¿Cuál es un ejemplo de ser *supersticioso*?

- (A) usar un casco de ciclismo
- (B) no elegir nunca el número 13 de la mala suerte
- (C) no mirar televisión durante una semana
- (D) salir de una habitación caminando hacia atrás

PUNTAJE

1. ☺ 😐
2. ☺ 😐
3. ☺ 😐
4. ☺ 😐

____ / 4
Total

NOMBRE:________________________ **FECHA:**__________________

Una sorpresa mágica

A Natán le encantaba su nuevo juego de magia. Practicaba los trucos todos los días, sabía todas las palabras para decir y sabía cómo usar sus accesorios. Quería montar un espectáculo especial de magia.

Natán decidió invitar a todos sus amigos y familiares al espectáculo. El día del espectáculo, las personas fueron a su casa. Cuando todos se sentaron, Natán comenzó el espectáculo. Hizo tres trucos. Cada truco salió bien. El público disfrutaba de su magia. Luego, hizo su truco final. Ocultó un conejo de peluche en un gran sombrero negro. Al decir las palabras mágicas, el conejo debía reaparecer. Había practicado el truco muchas veces. Pero esta vez, no funcionó. Los niños del público comenzaron a reírse. Natán se mortificó.

Natán sostuvo su varita fuertemente. Cerró los ojos. Pidió un deseo. Dijo: "Deseo que este espectáculo de magia desaparezca". Dijo la palabra mágica y luego abrió los ojos. ¡La habitación estaba vacía! La varita era mágica. Le concedió a Natán su deseo.

Natán no estaba seguro sobre qué hacer después. ¿Debía decirle a sus padres? ¿Debía desear un millón de dólares? Luego, comenzó a preocuparse. Pensó en qué les habría ocurrido a sus amigos. Temía por ellos. Entonces, Natán cerró los ojos. Usó la varita de nuevo. Cuando abrió los ojos, el público lo estaba esperando. Fue como si nunca se hubieran ido. Natán terminó su truco final e hizo una reverencia. El público aplaudió enérgicamente. Su primer espectáculo había sido un éxito. ¿Hizo desaparecer al público verdaderamente o solo creyó que lo hizo? Natán nunca lo dirá. Un mago nunca revela sus secretos.

NOMBRE:____________________ **FECHA:**______________

INSTRUCCIONES Lee "Una sorpresa mágica" y luego responde las preguntas.

1. ¿Cuál tiene conexión con este texto?

- (A) Hago carteles para muchos eventos.
- (B) No conozco a muchos de mis vecinos.
- (C) Me gusta imaginar que también tengo poderes mágicos secretos.
- (D) Creo que una varita mágica es peligrosa.

2. ¿Qué practicó Natán?

- (A) una trucha
- (B) un trueque
- (C) un tren
- (D) un truco

3. ¿Qué pidió Natán al usar la varita?

- (A) un arquero
- (B) un plumero
- (C) un deseo
- (D) un beso

4. ¿Cómo respondió Natán cuando descubrió la magia de su varita?

- (A) Fue a pedir ayuda a su hermano.
- (B) Decidió ya no seguir haciendo magia.
- (C) Pensó en todo lo que podía desear.
- (D) Se preocupó de que las personas fueran lastimadas por su magia.

5. ¿Cuál es el mejor resumen del texto?

- (A) Natán estaba sorprendido por la magia que se creó en su espectáculo de magia.
- (B) Natán recibió un juego de magia nuevo.
- (C) Natán hizo cuatro trucos en un espectáculo de magia.
- (D) Natán hizo carteles para sus vecinos.

PUNTAJE

1. ☺ 😐
2. ☺ 😐
3. ☺ 😐
4. ☺ 😐
5. ☺ 😐

____ / 5
Total

NOMBRE: ______________________ **FECHA:** ______________

PUNTAJE

___ / 4

Vuelve a leer el texto "Una sorpresa mágica".

Piensa en cómo reaccionó Natán al tener una varita mágica.

Escribe sobre lo que harías con una varita mágica.

NOMBRE:__________________________ **FECHA:**__________________

INSTRUCCIONES Lee el texto y luego responde las preguntas.

Los dinosaurios solían deambular por la Tierra. Ahora ya no están. No sabemos con seguridad a dónde fueron o qué les sucedió. Los científicos tienen teorías. Algunos dicen que un asteroide golpeó la Tierra, mientras otros creen que una enfermedad se propagó entre los dinosaurios. Un período glacial puede haberlo comenzado todo. Posiblemente nunca sepamos la verdad real.

1. ¿Cuál es la idea principal de este texto?

- (A) Los científicos desarrollan teorías.
- (B) El motivo por el que los dinosaurios desaparecieron es un misterio.
- (C) Los asteroides golpearon la Tierra.
- (D) Puede haberse producido un período glacial.

2. ¿Qué idea **no** se sugiere como un motivo de que los dinosaurios se hayan ido?

- (A) enfermedad
- (B) asteroides
- (C) un período glacial
- (D) la erupción de un volcán

3. ¿Cuál es la raíz de *comenzar*?

- (A) omen
- (B) comenz
- (C) zar
- (D) ome

4. ¿Qué palabra es un sinónimo de *deambular*?

- (A) destruir
- (B) atacar
- (C) gobernar
- (D) viajar

PUNTAJE

1. ☺ 😐
2. ☺ 😐
3. ☺ 😐
4. ☺ 😐

____ / 4
Total

NOMBRE:____________________ **FECHA:**______________

INSTRUCCIONES Lee el texto y luego responde las preguntas.

PUNTAJE

1. ☺😐

2. ☺😐

3. ☺😐

4. ☺😐

____ / 4
Total

Las tortugas marinas son increíbles. Pueden nadar un largo camino. ¡Pueden nadar más de 1,000 millas! Pero las tortugas marinas están en problemas. Su número es bajo. Los nidos son perturbados por los seres humanos. A menudo se llevan los huevos. Los bebés no pueden sobrevivir. Es un gran problema.

1. ¿Qué título se adapta mejor al texto?

(A) Perturbación de nidos
(B) Un largo viaje a nado
(C) Tortugas marinas en peligro
(D) Todo acerca de las tortugas bebés

2. ¿Cuál es el problema?

(A) Las tortugas marinas nadan un largo camino.
(B) Los nidos y huevos de las tortugas marinas son perturbados.
(C) Las tortugas marinas cruzan océanos.
(D) Las tortugas marinas son increíbles.

3. ¿Cuántas sílabas hay en la palabra *sobrevivir*?

(A) una sílaba
(B) cuatro sílabas
(C) tres sílabas
(D) dos sílabas

4. ¿Qué significa la frase *su número es bajo* en el texto anterior?

(A) Las tortugas marinas nadan más abajo.
(B) La cantidad de tortugas marinas está disminuyendo.
(C) Las tortugas marinas están empequeñeciendo.
(D) Las tortugas marinas están comiendo menos.

NOMBRE:_______________________ **FECHA:**_______________

INSTRUCCIONES Lee el texto y luego responde las preguntas.

PUNTAJE

Las plantas pueden extinguirse. Cuando se extinguen, desaparecen para siempre. Algunas pocas especies pueden no parecer un gran problema. Quedan muchas otras. Sin embargo, las plantas son fundamentales para la vida. Necesitamos que las plantas sigan vivas. Otros seres vivos también dependen de las plantas.

1. ¿Cuál es la idea principal?

(A) animales extintos
(B) plantas extintas
(C) especies de plantas
(D) seres vivos

2. Las personas deberían preocuparse por que las plantas se extingan porque

(A) no tendríamos basura.
(B) son más importantes que los animales extintos.
(C) necesitamos plantas para sobrevivir.
(D) las plantas son lindas para mirar.

3. ¿Qué palabra tiene la misma raíz que *vivos*?

(A) tener
(B) vivió
(C) amar
(D) olivo

4. ¿Cuáles palabras son sinónimos?

(A) *planta* y *seres*
(B) *animal* y *vital*
(C) *viviente* y *vivo*
(D) *extinto* y *menos*

1. ☺ 😐
2. ☺ 😐
3. ☺ 😐
4. ☺ 😐

____ / 4
Total

NOMBRE:____________________ **FECHA:**_______________

Ecosistemas

El mundo tiene muchas criaturas. Todos dependemos unos de otros. Necesitamos unos de otros para sobrevivir. Una criatura se puede extinguir. Eso afecta al resto del mundo vivo.

Muchos peces están cerca de extinguirse. Imagina un lago lleno de peces. Los seres humanos los hemos atrapado. Los queríamos como alimento. Los pescamos. Continuamos pescándolos. Con el tiempo, hubo menos peces.

Pero los peces son parte de un gran ecosistema. Comen renacuajos. Estos comen insectos. Con menos peces, ahora hay más insectos. Hay muchas más ranas. Las ranas necesitan más alimento. Las ranas comen libélulas. Pero ahora han comido demasiadas libélulas.

En un lago se ha pescado en exceso. El ecosistema ha cambiado.

Los seres humanos causaron este problema. Los peces están casi extintos. ¿Qué podemos hacer los seres humanos ahora? ¿Cómo podemos arreglar el problema?

Algunas personas pueden sugerir cerrar el lago. Probablemente no se pesque ahí durante varios años. Esto daría tiempo a que los peces regresen. Restauraría el equilibrio de la vida en ese lago.

Este tipo de problemas está sucediendo en muchos lugares. Muchos animales se enfrentan a esto. Los seres humanos a menudo somos el problema. Pero también podemos ser la solución.

NOMBRE:____________________ **FECHA:**______________

INSTRUCCIONES Lee "Ecosistemas" y luego responde las preguntas.

1. ¿Qué experiencia te ayudaría a comprender el texto?

(A) Ayer noté que no había muchas aves junto a mi casa y ha habido muchos insectos por aquí últimamente.

(B) He probado pescado antes y no me gusta.

(C) Mi hermana y yo nadamos en el lago los fines de semanas.

(D) El estanque local está cerrado durante el invierno porque el agua está demasiado fría.

2. ¿De qué trata el texto?

(A) un lagar

(B) un lagarto

(C) un lugar

(D) un lago

3. ¿Qué animal se describe en el texto?

(A) un pez

(B) un pingüino

(C) un perro

(D) una pulga

4. ¿Cuál es el problema?

(A) ranas hambrientas

(B) un ecosistema destruido

(C) falta de peces para los pescadores

(D) un lago frío

5. ¿Cuál resume mejor el texto?

(A) Todas las criaturas vivientes comen renacuajos.

(B) Las criaturas vivientes dependen unas de otras para un ecosistema saludable.

(C) Todas las criaturas vivientes necesitan lagos como hábitat.

(D) Un lago necesita más peces.

PUNTAJE

1. ☺ 😐

2. ☺ 😐

3. ☺ 😐

4. ☺ 😐

5. ☺ 😐

____ / 5
Total

NOMBRE:____________________ **FECHA:**______________

PUNTAJE

___ / 4

Vuelve a leer el texto "Ecosistemas".

Piensa en cómo todo lo que está vivo está conectado.

Escribe sobre lo que esto te recuerda en tu propia vida.

NOMBRE:____________________ **FECHA:**______________

INSTRUCCIONES Lee el texto y luego responde las preguntas.

Luis quería ir de campamento. Su mamá dijo que no. Su papá también dijo que no. Pero Luis no podía desistir de su idea. Sus padres decían que estaban muy ocupados. Planificar el campamento llevaba mucho tiempo. Era un largo camino hasta el lago. ¡Esperen! Luis tuvo una idea. Buscó la tienda. La montó en el patio. Comió perros calientes y *s'mores* con su familia. ¡Fue el mejor campamento de todos!

1. ¿Qué problema resuelve Luis?

(A) Su hermano tenía demasiado miedo como para dormir afuera.
(B) Sus padres no querían planificar un campamento.
(C) Su papá perdió la tienda.
(D) Su mamá no sabía cómo cocinar un perro caliente.

2. ¿Cuál es la idea de Luis?

(A) Decide montar la tienda en el patio.
(B) Pide a mamá y papá ir de campamento.
(C) Consigue malvaviscos para los *s'mores*.
(D) Va a dormir a la tienda.

3. ¿Cuál es la raíz de *campamento*?

(A) campa
(B) camp
(C) nto
(D) cam

4. ¿Cuál de estas palabras significa *idea*?

(A) ocupado
(B) bueno
(C) pensamiento
(D) ruta

PUNTAJE

1. ☺ 😐
2. ☺ 😐
3. ☺ 😐
4. ☺ 😐

____ / 4 Total

NOMBRE:____________________ **FECHA:**______________

INSTRUCCIONES Lee el texto y luego responde las preguntas.

PUNTAJE

1. ☺😐
2. ☺😐
3. ☺😐
4. ☺😐

____ / 4 Total

Cassie y Lily tuvieron una lucha de almohadas. Se reían. Una de las almohadas se descosió. ¡Había plumas en todas partes! ¡Llovían plumas! La mamá de Cassie escuchó el alboroto. Echó un vistazo a la habitación de Cassie. Se rió. Las niñas le ayudaron a limpiar las plumas.

1. ¿Qué te dice el texto sobre la amistad de Cassie y Lily?

- (A) Ellas siempre hacen desorden.
- (B) Les gusta divertirse.
- (C) Discuten por juguetes.
- (D) No les gusta limpiar.

2. ¿Qué título va mejor con este texto?

- (A) Diversión en la tarde de juegos
- (B) Plumas que pican
- (C) Las almohadas son para dormir
- (D) La habitación de Cassie

3. ¿Qué sufijo podría agregarse a *lluvi* para hacer una palabra nueva?

- (A) *–oso*
- (B) *–do*
- (C) *–ción*
- (D) *–ro*

4. ¿Qué significa cuando el autor dice que *llovían plumas*?

- (A) Las plumas se humedecieron.
- (B) Las plumas venían de la almohada.
- (C) Las plumas caían desde arriba como la lluvia.
- (D) Las plumas hicieron que todos estornudaran.

NOMBRE:____________________ **FECHA:**______________

INSTRUCCIONES Lee el texto y luego responde las preguntas.

PUNTAJE

1. ☺ 😐
2. ☺ 😐
3. ☺ 😐
4. ☺ 😐

____ / 4
Total

Las dos hermanas habían tramado un plan para la noche, cuando sus padres durmieran. Tenían que permanecer en silencio para que nadie supiera que se desvelaban. Las dos niñas usaron linternas para enviarse señales entre sí. Habían inventado un código. ¡Se sentían como espías secretos! Era muy divertido. Por este motivo nunca querían ir a la cama.

1. ¿Por qué usaban las linternas las dos hermanas?

Ⓐ para leer libros en la noche

Ⓑ para enviarse mensajes entre sí

Ⓒ para saber cómo llegar al baño

Ⓓ para que las cosas parezcan escalofriantes

2. ¿Qué adjetivo describe mejor lo que las niñas hacen por la noche?

Ⓐ útil

Ⓑ estropeado

Ⓒ sigiloso

Ⓓ rápido

3. ¿Qué palabra tiene la misma raíz que *permanecer*?

Ⓐ decir

Ⓑ permaneció

Ⓒ hambriento

Ⓓ estrellado

4. ¿Cuál es otro ejemplo de un *código*?

Ⓐ la contraseña de una computadora

Ⓑ un teléfono celular

Ⓒ un juego de mesa

Ⓓ un bate de béisbol

NOMBRE:____________________ **FECHA:**________________

El fuerte

Max sabía que sería fácil hacer un fuerte. Primero, encontró algunas almohadas. Luego, sacó una manta de su cama. Eligió un lugar cerca del sofá para construir su fuerte. Se tambaleaba, pero aun así se mantenía en pie.

El fuerte se convirtió en su lugar de tranquilidad al que le gustaba ir todos los días. Puso sus juguetes ahí, incluso su robot nuevo. Ocupaba mucho espacio, pero no le importó.

Cuando Sam vino de visita, los dos niños agregaron cosas al fuerte. Querían tener espacio para ambos, pero no siempre estuvieron de acuerdo sobre cómo construir el fuerte. A veces, Max quería que las cosas fueran de una manera particular. Sam se enojaba, y los dos amigos discutían sobre eso. Pero siempre hallaban la manera de resolverlo.

Un día, la hermana pequeña de Max, Grace, quiso entrar al fuerte. Él le gritó para que saliera. Su mamá estaba realmente enojada. "Max, no puedes dejar afuera a tu hermana porque esta habitación también es su espacio", dijo su mamá. Max se sintió frustrado porque era el único lugar tranquilo para él en toda la casa. Durante un largo tiempo pensó en cómo resolver este problema.

"Grace, ¿quieres tu propio fuerte? Te ayudaré a hacer uno", dijo a su hermana. Grace estaba entusiasmada. Los dos niños pasaron la mañana preparando todo. Trabajaron juntos. ¡Desde ese momento, hubo dos grandes fuertes en la casa!

NOMBRE: ______________________ **FECHA:** ______________

INSTRUCCIONES Lee "El fuerte" y luego responde las preguntas.

PUNTAJE

1. ☺ 😐
2. ☺ 😐
3. ☺ 😐
4. ☺ 😐
5. ☺ 😐

____ / 5
Total

1. ¿Quién puede identificarse con el texto?

Ⓐ una niña que discute con su maestra

Ⓑ una madre a la que no le gustan los fuertes

Ⓒ un niño a quien no le gusta compartir con su hermana

Ⓓ una niñera que se enoja cuando pelean los hermanos

2. ¿Qué lugar elige Max para construir su fuerte?

Ⓐ cerca del sobre

Ⓑ cerca del safari

Ⓒ cerca del sofá

Ⓓ cerca del sol

3. Sam y Max ________ acerca del fuerte.

Ⓐ enojaron

Ⓑ son

Ⓒ agregaron

Ⓓ discutieron

4. La mamá de Max dice que ese también era espacio de Grace porque

Ⓐ a Grace no le gustan los fuertes.

Ⓑ el fuerte está construido en un lugar donde Grace tiene permitido ir.

Ⓒ Grace y Max comparten una habitación.

Ⓓ Grace mira la televisión en el sofá.

5. ¿Qué pista te ayuda a comprender que Max resolverá el problema con Grace?

Ⓐ A Max le gusta estar en su fuerte solo.

Ⓑ Max se frustra por su fuerte tambaleante.

Ⓒ La mamá de Max está molesta con él y su tono enojado.

Ⓓ Max resuelve los problemas bien con Sam.

NOMBRE:_____________________ **FECHA:**________________

PUNTAJE

___/4

Vuelve a leer el texto "El fuerte".

Piensa en un momento en que querías estar solo y no compartir espacio con nadie más.

Escribe sobre cómo hacer un lugar tranquilo para ti mismo. ¿Cómo te ayuda estar solo?

NOMBRE: ______________________ **FECHA:** ______________

INSTRUCCIONES Lee el texto y luego responde las preguntas.

Un búho nival es una criatura hermosa. El nombre del búho es apropiado porque el búho es tan blanco como la nieve. Un búho nival se hace más blanco con la edad. Las hembras tienen más manchas oscuras. Los búhos nivales esperan por su presa. Tienen un agudo sentido del oído que les ayuda a atrapar a su próxima comida.

1. ¿De qué trata en general el texto?

Ⓐ búhos nivales
Ⓑ la dieta de un búho nival
Ⓒ nieve
Ⓓ el sentido del oído de un búho

2. ¿Por qué tiene sentido el nombre de un búho nival?

Ⓐ Vuelan al sur, lejos de la nieve.
Ⓑ Viven en la nieve.
Ⓒ Son tan blancos como la nieve.
Ⓓ Comen nieve.

3. ¿Cuál es la raíz en *hermoso*?

Ⓐ moso
Ⓑ hermos
Ⓒ hermo
Ⓓ oso

4. ¿Qué significa la palabra *presa*?

Ⓐ animales nocturnos
Ⓑ animales inteligentes
Ⓒ carnívoros
Ⓓ animales cazados por otros animales

PUNTAJE

1. ☺ 😐
2. ☺ 😐
3. ☺ 😐
4. ☺ 😐

___ / 4
Total

NOMBRE:_______________________ **FECHA:**_______________

INSTRUCCIONES Lee el texto y luego responde las preguntas.

PUNTAJE

1. ☺ 😐

2. ☺ 😐

3. ☺ 😐

4. ☺ 😐

____ / 4
Total

La Luna siempre orbita alrededor de la Tierra. La Luna pasa por ciclos, lo que significa que nuestra visión de ella cambia, aunque en el espacio siempre está completa. Algunas noches, vemos la luna llena. Otras noches, solo media luna. La luna en cuarto menguante luce como una rodaja muy fina. Algunas noches la Luna no se ve para nada. Esto se llama *luna nueva*.

1. ¿Qué título va mejor con este texto?

- (A) Cosas que orbitan
- (B) Una luna que cambia y orbita
- (C) Medias lunas
- (D) Las lunas que no se ven

2. ¿Qué significa *los ciclos de la Luna*?

- (A) Solo vemos una luna llena en el verano.
- (B) Nuestra visión cambia a medida que la Luna orbita alrededor de la Tierra.
- (C) Vemos una luna diferente a la que ven otros.
- (D) La Luna cambia con el paso del tiempo.

3. ¿Cuántas sílabas hay en la palabra *orbitar*?

- (A) una sílaba
- (B) dos sílabas
- (C) tres sílabas
- (D) cuatro sílabas

4. ¿Cuándo podrías usar la palabra *medio/a* para describir algo?

- (A) al leer una receta
- (B) cuando hables sobre el casco de un caballo
- (C) al hablar de algo que es tuyo
- (D) al describir el patio de la escuela

NOMBRE:_____________________ **FECHA:**______________

INSTRUCCIONES Lee el texto y luego responde las preguntas.

PUNTAJE

Es hermoso ver el cielo de la noche. Hay millones de estrellas. Algunas estrellas forman figuras. Las personas les han puesto nombre a esas figuras. Se llaman *constelaciones*. ¡Hacen divertida la observación de las estrellas!

1. ¿Cuál es la idea principal?

Ⓐ Las estrellas fugaces son poco frecuentes.

Ⓑ Es divertido buscar constelaciones en el cielo a la noche.

Ⓒ Hay millones de estrellas para ver.

Ⓓ Las constelaciones son figuras raras.

2. ¿Por qué es hermoso ver el cielo de la noche?

Ⓐ porque las estrellas están tan lejos

Ⓑ porque nunca sabes lo que encontrarás

Ⓒ porque las estrellas titilan

Ⓓ porque puedes ver constelaciones

3. ¿Qué palabra tiene la misma raíz que *nombre*?

Ⓐ sombra

Ⓑ domado

Ⓒ renombrar

Ⓓ medicina

4. ¿Qué son las *constelaciones*?

Ⓐ el cielo de la noche

Ⓑ la Luna

Ⓒ estrellas que forman figuras

Ⓓ observación de las estrellas

1. ☺ 😐

2. ☺ 😐

3. ☺ 😐

4. ☺ 😐

____ / 4
Total

NOMBRE:________________________ **FECHA:**________________

¿Qué se despierta en la noche?

Es de medianoche. La mayoría de las personas están durmiendo en sus casas. Un mundo completamente nuevo despierta en la noche. Estas criaturas están alertas. Son *nocturnas*. Se mantienen despiertas por la noche y duermen durante el día.

Los animales nocturnos tienen maneras de sobrevivir en la noche. Deben encontrar comida. También deben escapar de los depredadores. Los animales nocturnos tienen un agudo sentido de la vista. Esto les permite ver cosas en la oscuridad. Muchos animales nocturnos también tienen muy buen olfato. Pueden oler comida. También pueden sentir el peligro.

Un gato es un animal nocturno. Los gatos pueden ver bien en la oscuridad. Esto los ayuda a localizar comida. También tienen un excelente oído. Hasta pueden escuchar los sonidos de tono alto que hacen los ratones. Los seres humanos no pueden escuchar estos tonos.

Un búho también es nocturno. También tiene la vista y el oído muy potentes. Esto le permite al búho precipitarse rápidamente sobre su presa. Los búhos, al igual que los gatos, son buenos cazadores.

NOMBRE: ______________________ **FECHA:** ______________

INSTRUCCIONES Lee "¿Qué se despierta en la noche?" y luego responde las preguntas.

1. ¿Cuál tiene conexión con el texto?

Ⓐ A mi perro le gusta ir al parque para perros.

Ⓑ Tuve un sueño interesante anoche.

Ⓒ Tengo un gato al que le gusta explorar por la noche.

Ⓓ Me asusta la noche.

2. ¿Qué pueden escuchar los gatos?

Ⓐ clases altas

Ⓑ tonos altos

Ⓒ velocidades altas

Ⓓ puntos altos

3. ¿Dónde está la mayoría de las personas por la noche?

Ⓐ en la cama

Ⓑ en la cocina

Ⓒ en el carro

Ⓓ en calma

4. ¿Qué enunciado sobre los búhos y los gatos es verdadero?

Ⓐ Los búhos y los gatos son buenos cazadores.

Ⓑ Los búhos y los gatos son animales nocturnos.

Ⓒ Los búhos y los gatos tienen muy buen oído y visión.

Ⓓ todas las opciones anteriores

5. ¿Qué resumen describe mejor el texto?

Ⓐ Los animales nocturnos solo pueden sobrevivir en la noche.

Ⓑ Los búhos son nocturnos. Son buenos para cazar de noche.

Ⓒ Los animales nocturnos permanecen despiertos de noche y duermen durante el día. Tienen sentidos muy agudos que los ayudan a cazar.

Ⓓ Los búhos y los gatos cazan de noche. Esto significa que son nocturnos.

PUNTAJE

1. ☺ 😐
2. ☺ 😐
3. ☺ 😐
4. ☺ 😐
5. ☺ 😐

____ / 5
Total

NOMBRE:____________________ **FECHA:**______________

PUNTAJE

___ / 4

Vuelve a leer el texto "¿Qué se despierta en la noche?"

Piensa en cómo diferentes criaturas están despiertas de noche mientras duermes.

Escribe sobre cuando viste un animal nocturno. ¿Cómo lucía el animal? ¿Qué estaba haciendo?

NOMBRE:_______________________ **FECHA:**_______________

INSTRUCCIONES Lee el texto y luego responde las preguntas.

Kevin no quería tomar clases en la piscina.

—Sé nadar —insistió Kevin.

—Tienes que estar seguro en el agua —dijo su papá.

Kevin pensó que las lecciones de natación le quitarían la gracia a la actividad. Le gustaba descontrolarse en la piscina. Su papá quería que supiera que era importante estar seguro en la piscina.

1. ¿Qué dice el papá de Kevin sobre nadar?

(A) Kevin debería descontrolarse en la piscina.

(B) Kevin no necesita lecciones.

(C) Kevin tiene que estar a salvo en el agua.

(D) Las lecciones le quitarán la gracia a la natación.

2. ¿De qué trata en general el texto?

(A) descontrolarse

(B) el papá de Kevin

(C) lecciones de natación

(D) piscinas

3. ¿Cuál es la raíz de *quería*?

(A) ría

(B) ía

(C) ería

(D) quer

4. ¿Qué significa la frase *quitarle la gracia* en el texto?

(A) hacer que algo sea seguro

(B) hacer que algo sea menos divertido

(C) hacer que algo sea más divertido

(D) hacer que algo sea peligroso

PUNTAJE

1. ☺ 😐

2. ☺ 😐

3. ☺ 😐

4. ☺ 😐

____ / 4
Total

NOMBRE:________________________ **FECHA:**________________

INSTRUCCIONES Lee el texto y luego responde las preguntas.

PUNTAJE

1. ☺ 😐

2. ☺ 😐

3. ☺ 😐

4. ☺ 😐

____ / 4
Total

A Owen le tuvieron que hacer puntos. Estaba trepando a un árbol. Se paró sobre una rama, pero cayó al suelo. Mientras caía, se golpeó el costado de la cabeza. Owen pensó que estaba bien, pero su mamá estaba preocupada. Quería que el doctor examinara la cabeza de Owen. El doctor supo de inmediato que Owen necesitaba puntos.

1. ¿Qué sucedió justo después de que Owen se paró sobre una rama?

- (A) Llamó a gritos a su mamá.
- (B) Se golpeó la cabeza y cayó al suelo.
- (C) Le tuvieron que hacer puntos.
- (D) Fue al doctor.

2. ¿De qué trata en general el texto?

- (A) por qué a Owen le tuvieron que hacer puntos
- (B) dónde le tuvieron que hacer puntos a Owen
- (C) cuántos puntos le hicieron a Owen
- (D) cómo se sintió Owen sobre los puntos

3. ¿Cuántas sílabas tiene la palabra *puntos*?

- (A) una sílaba
- (B) dos sílabas
- (C) tres sílabas
- (D) cuatro sílabas

4. ¿Qué significa que el doctor *examine* la cabeza de Owen?

- (A) tocar
- (B) vendar
- (C) medir
- (D) observar de cerca

NOMBRE:______________________ **FECHA:**______________

INSTRUCCIONES Lee el texto y luego responde las preguntas.

PUNTAJE

Marla estaba emocionada por su viaje. ¡Iba a viajar en avión! Iba a visitar a su familia. Marla le contó a Beth sobre el viaje. Beth le preguntó a Marla cuándo se iba, porque la fiesta de cumpleaños de Beth era pronto. ¡Oh no! Marla se iba a perder la fiesta de Beth. ¡Qué lástima!

1. ¿Cuál es el problema?

- (A) Marla se perderá la fiesta de su amiga cuando se vaya de viaje.
- (B) Marla y Beth no son amigas.
- (C) Beth tendrá una fiesta.
- (D) Marla viajará en avión.

2. ¿Cuál es la idea principal?

- (A) Marla viajando en avión
- (B) la fiesta de Beth
- (C) el viaje de Marla y la fecha inoportuna del viaje
- (D) la visita familiar de Marla

3. ¿Cuál de estas es una palabra compuesta?

- (A) emocionados
- (B) cumpleaños
- (C) avión
- (D) viajar

4. ¿Qué significa *perder* en este texto?

- (A) no poder asistir a un lugar
- (B) no lograr un objetivo
- (C) evitar algo
- (D) olvidar algo

1. ☺ 😐

2. ☺ 😐

3. ☺ 😐

4. ☺ 😐

____ / 4
Total

NOMBRE:________________________ **FECHA:**________________

Sin nadar este verano

Romperse un brazo nunca es una buena noticia. Ahora Anna lo sabía con seguridad. Se rompió el brazo el sábado. Estaba subiendo una escalera en el parque. A Anna le encantaba trepar. Quería deslizarse por el tobogán. Pero cayó al suelo. Cuando cayó, el brazo le dolía muchísimo. La mamá de Anna sabía que algo andaba mal, así que fueron al doctor de inmediato. El doctor le tomó una radiografía con una cámara especial. Las imágenes mostraron los huesos de Anna. Estaba claro que uno de sus huesos estaba roto.

Anna estaba triste. Tendría que llevar un yeso en el brazo durante seis semanas. No podría escribir ni jugar perseguidos. Lo peor de todo era que no podría nadar.

Era verano, y a Anna le encantaba nadar todos los días. ¿Qué haría sin poder nadar? ¡Este iba a ser el peor verano de todos!

La mamá de Anna se sintió mal por ella porque sabía que tener un yeso no era divertido. Sabía lo mucho que a Anna le gustaba estar en el agua. Tuvo una idea. La mamá de Anna consiguió una bolsa especial de plástico. La envolvió alrededor del yeso de Anna. Anna podía sentarse en los escalones de la piscina. Podía jugar un poco en el agua siempre y cuando mantuviera el brazo seco.

No era perfecto. Anna aún no podía nadar, pero ahora podía estar en el agua. Estaba agradecida de que su mamá la hubiera ayudado. Quizás este verano no sería tan malo después de todo.

NOMBRE:____________________ **FECHA:**______________

INSTRUCCIONES Lee "Sin nadar este verano" y luego responde las preguntas.

1. ¿Cuál tiene conexión con el texto?

- (A) Me gusta jugar al fútbol.
- (B) Me torcí el tobillo y me perdí una presentación de danza.
- (C) Creo que los huesos son frágiles.
- (D) No me gusta lo caluroso que es el verano.

2. ¿Qué le tienen que poner a Anna?

- (A) un yoyó
- (B) una llave
- (C) un yeso
- (D) una llama

3. La mamá de Anna consigue una bolsa especial de plástico para _______ el brazo.

- (A) encontrar
- (B) envolver
- (C) ensuciar
- (D) empapar

4. ¿Cuál es el problema?

- (A) La mamá de Anna fue buena con ella.
- (B) Anna no podía correr rápido.
- (C) El doctor vio el brazo roto de Anna.
- (D) Anna se rompió el brazo y no pudo disfrutar de la piscina.

5. ¿Cómo se sintió Anna al final?

- (A) agradecida y optimista
- (B) enojada
- (C) confundida y triste
- (D) irritada

PUNTAJE

1. ☺ 😐
2. ☺ 😐
3. ☺ 😐
4. ☺ 😐
5. ☺ 😐

____ / 5
Total

NOMBRE:____________________ **FECHA:**______________

PUNTAJE

___ / 4

Vuelve a leer el texto "Sin nadar este verano".

Piensa en cómo los planes de Anna para el verano tuvieron que cambiar aunque ella no quería que fuera así.

Escribe sobre cuando tuviste que cambiar tus planes. ¿Por qué los cambiaste y qué pasó en lugar de eso?

NOMBRE:____________________ **FECHA:**______________

INSTRUCCIONES Lee el texto y luego responde las preguntas.

PUNTAJE

1. ☺ 😐
2. ☺ 😐
3. ☺ 😐
4. ☺ 😐

____ / 4
Total

Una brújula muestra la dirección. Te indica dónde están el norte, el sur, el este y el oeste. Las brújulas se han usado durante un largo tiempo. Los barcos solían depender de las brújulas. Las brújulas les indicaban en qué dirección viajar. Las personas aún usan brújulas en la actualidad. Son más pequeñas. Son más fáciles de usar. Pero siguen siendo la misma herramienta que encontramos en la historia.

1. ¿Cuál es la idea principal?

Ⓐ viaje
Ⓑ dirección
Ⓒ brújulas
Ⓓ barcos

2. ¿Qué idea **no** sugiere el texto?

Ⓐ Una brújula muestra la dirección.
Ⓑ Una brújula es un globo terráqueo.
Ⓒ Una brújula le indica a las personas en qué dirección viajar.
Ⓓ Las brújulas se han usado durante un largo tiempo.

3. ¿Qué palabra tiene la misma raíz que *pequeñas*?

Ⓐ pequeñitos
Ⓑ pescado
Ⓒ perezoso
Ⓓ pelotas

4. ¿Qué palabra en el texto significa *instrumento*?

Ⓐ viaje
Ⓑ herramienta
Ⓒ dirección
Ⓓ tiempo

NOMBRE:____________________ **FECHA:**______________

INSTRUCCIONES Lee el texto y luego responde las preguntas.

PUNTAJE

1. ☺😐
2. ☺😐
3. ☺😐
4. ☺😐

____ / 4
Total

¡Un lago en un mapa no debe lucir más grande que un océano! Dibujar a *escala* es importante. Significa que a los objetos se les da el tamaño que tienen al lado de otros objetos. Los artistas piensan en la escala. También lo hacen los arquitectos. Hacen diseños a escala. Los cartógrafos también trabajan a escala.

1. ¿Qué título captura mejor la idea principal?

Ⓐ Lagos y océanos
Ⓑ Dibujar a escala
Ⓒ El trabajo de un cartógrafo
Ⓓ La habilidad de un artista

2. ¿Sobre qué trata en general el texto?

Ⓐ mapas
Ⓑ escala
Ⓒ arquitectos
Ⓓ artistas

3. ¿Cuántas sílabas tiene la palabra *arquitecto*?

Ⓐ cinco sílabas
Ⓑ dos sílabas
Ⓒ cuatro sílabas
Ⓓ tres sílabas

4. ¿Qué definición de *escala* se usa en este texto?

Ⓐ piel de pescado
Ⓑ escalera
Ⓒ parada de barco o avión
Ⓓ tamaño correcto

NOMBRE:____________________ **FECHA:**______________

INSTRUCCIONES Lee el texto y luego responde las preguntas.

PUNTAJE

1. ☺ 😐
2. ☺ 😐
3. ☺ 😐
4. ☺ 😐

____ / 4
Total

Un globo terráqueo es un modelo de la Tierra. Tiene la forma de una esfera. Los globos terráqueos tienen que actualizarse. Tienen que mostrar cómo luce el mundo hoy. Las fronteras de los países cambian, y los nombres pueden cambiar. A veces, hasta un lago o un río pueden desaparecer. El mundo nunca permanece igual.

1. ¿Cuál es la idea principal?

(A) Un río puede desaparecer.

(B) Un globo terráqueo es un modelo de la Tierra, que siempre está cambiando.

(C) Un globo terráqueo es una esfera.

(D) Un globo terráqueo cambia.

2. ¿Por qué un globo terráqueo siempre tiene que cambiar?

(A) porque las fronteras de los lagos cambian

(B) porque las fronteras desaparecen

(C) porque los mapas llevan mucho trabajo

(D) porque el mundo está cambiando

3. ¿Qué palabra tiene la misma raíz que *actualizarse*?

(A) atarse

(B) acento

(C) actual

(D) aguja

4. ¿Cuáles de estas palabras tienen significados similares?

(A) *actualizar* y *cambiar*

(B) *cambiar* y *desaparecer*

(C) *forma* y *mundo*

(D) *modelo* y *esfera*

NOMBRE:_______________________ **FECHA:**_______________

Las partes de un mapa

Los mapas nos muestran información. Un mapa es una imagen visual que representa un lugar. Los mapas nos muestran ubicaciones para decirnos más sobre ellas. Es posible que nos indiquen dónde encontrar las carreteras de una ciudad. Pueden mostrar por dónde fluye un río. Los mapas incluso pueden mostrar cambios en el clima.

Los mapas representan objetos con símbolos. Por ejemplo, una carretera puede aparecer como una línea azul. Un parque puede aparecer como un árbol. Una escuela puede aparecer como una campana. Estos símbolos se encuentran en una clave. La *clave* indica qué significa cada símbolo. Una clave también se llama *leyenda*.

Los mapas también tienen una rosa de los vientos. Esta muestra la dirección. La rosa de los vientos muestra el norte y el sur. También muestra el este y el oeste. Las personas que utilizan mapas dependen de la rosa de los vientos para que les indique la dirección. Nos recuerda dónde están algunos lugares en comparación con otros.

Un mapa tiene que estar dibujado a escala. ¡El mapa de un país no puede ser igual de grande que el país real! Un mapa dibujado a escala es más pequeño de lo que realmente muestra.

Los mapas nos dicen mucho sobre el mundo a nuestro alrededor.

NOMBRE:_________________________ **FECHA:**________________

INSTRUCCIONES Lee "Las partes de un mapa" y luego responde las preguntas.

1. ¿Quién puede identificarse fácilmente con el texto?

Ⓐ un relojero

Ⓑ un arquitecto que dibuja a escala

Ⓒ una persona que planea un viaje en automóvil

Ⓓ una persona que se pesa en una balanza

2. ¿Qué indica el significado de los símbolos en un mapa?

Ⓐ una clave

Ⓑ una llave

Ⓒ un clavel

Ⓓ una clase

3. Un mapa se dibuja a

Ⓐ escama.

Ⓑ escaso.

Ⓒ escarcha.

Ⓓ escala.

4. ¿Cómo funcionan los símbolos de un mapa?

Ⓐ Tienen que leerse con atención porque son difíciles de ver.

Ⓑ No son importantes porque tú debes saber lo que está a tu alrededor.

Ⓒ Muestran dónde está la clave.

Ⓓ Muestran las ubicaciones de lugares.

5. ¿Cuál es el mejor resumen del texto?

Ⓐ Los mapas deben cambiar.

Ⓑ Los mapas muestran la dirección.

Ⓒ Los mapas nos dan información sobre el mundo a nuestro alrededor.

Ⓓ Los mapas se dibujan a escala.

PUNTAJE

1. ☺ 😐
2. ☺ 😐
3. ☺ 😐
4. ☺ 😐
5. ☺ 😐

___ / 5

Total

NOMBRE:_______________________ **FECHA:**_______________

PUNTAJE

___/4

Vuelve a leer el texto "Las partes de un mapa".

Piensa en algunas de las razones por las que los mapas son útiles.

Escribe sobre cuando tuviste que usar un mapa. ¿Fue útil?

NOMBRE:__________________________ **FECHA:**__________________

INSTRUCCIONES Lee el texto y luego responde las preguntas.

PUNTAJE

La familia de Hugo tenía una tradición. Era para la víspera de Año Nuevo. Hacían lo mismo cada año. Hacían un video. En el video, hablaban sobre el año. Hugo eligió sus mejores momentos. También lo hicieron sus padres y su hermana. Compartieron sus deseos para el nuevo año.

1. ¿Cuándo ocurre la tradición de la familia de Hugo?

Ⓐ en el año nuevo
Ⓑ en la víspera de Año Nuevo
Ⓒ durante el año anterior
Ⓓ el día de Año Nuevo

2. ¿De qué trata en general el texto?

Ⓐ un día festivo
Ⓑ una familia
Ⓒ un video
Ⓓ una tradición familiar

3. ¿Qué palabra del texto tiene tres sílabas?

Ⓐ tradición
Ⓑ año
Ⓒ nuevo
Ⓓ padres

4. ¿Cuál es un ejemplo de una *tradición*?

Ⓐ andar en auto
Ⓑ comer golosinas
Ⓒ cenar en familia todos los domingos a la noche
Ⓓ comer pizza

1. ☺ 😐
2. ☺ 😐
3. ☺ 😐
4. ☺ 😐

____ / 4
Total

NOMBRE:______________________ **FECHA:**________________

INSTRUCCIONES Lee el texto y luego responde las preguntas.

PUNTAJE

1. ☺ 😐
2. ☺ 😐
3. ☺ 😐
4. ☺ 😐

____ / 4
Total

Lo que más quería Jack era tener un dragón de mascota. Su mamá le dijo que los dragones eran animales de fantasía. Su papá también dijo que no podía comprar un dragón. A Jack no le importó. Sabía que los dragones existían. Jack había leído sobre dragones. Su sueño era tener un dragón que fuera solo suyo.

1. ¿Cuál es el problema de Jack?

Ⓐ Jack quiere un dragón de mascota.

Ⓑ Jack quiere un libro sobre dragones.

Ⓒ Jack está enojado con sus padres.

Ⓓ Jack quiere una mascota.

2. ¿Qué título describe la idea principal?

Ⓐ Una pelea con mamá y papá

Ⓑ No se permiten mascotas

Ⓒ El deseo de tener un dragón

Ⓓ ¡Hora de un cuento!

3. ¿Cuántas sílabas tiene la palabra *dragón*?

Ⓐ una sílaba

Ⓑ dos sílabas

Ⓒ tres sílabas

Ⓓ cuatro sílabas

4. ¿Cuál de estos es *de fantasía*?

Ⓐ un delfín

Ⓑ un unicornio

Ⓒ un esqueleto

Ⓓ un perrito

NOMBRE:_________________________ **FECHA:**________________

INSTRUCCIONES Lee el texto y luego responde las preguntas.

Ángela quería jugar a las damas, así que le preguntó a su hermana Nina:

—¿Quieres jugar a las damas conmigo?

Nina dijo:

—Solo si yo soy el color rojo.

—Pero yo quiero ser el color rojo —dijo Ángela. Las dos niñas no podían ponerse de acuerdo. A las dos les encantaba el rojo. Era su color favorito. Finalmente, Ángela hizo un compromiso. Nina podía ser el color rojo primero, luego ella sería el rojo. ¡Esa idea funcionó!

1. ¿Cuál es el problema?

(A) Ángela y Nina no pueden decidir a qué jugar.

(B) Nina no le prestará a Ángela su suéter rojo.

(C) Tanto Ángela como Nina quieren usar las damas rojas.

(D) No hay ningún problema en el texto.

2. ¿Qué te dice el texto sobre comprometerse?

(A) Ocurre cuando juegas a las damas.

(B) Hace que las personas se enojen.

(C) Se trata de tomar turnos.

(D) Nunca funciona.

3. ¿Qué palabra tiene la misma raíz que *funcionó*?

(A) caminó

(B) fracción

(C) función

(D) favor

4. ¿Cuál de estas palabras significa *compromiso*?

(A) desacuerdo

(B) acuerdo

(C) disputa

(D) desilusión

PUNTAJE

1. ☺ 😐
2. ☺ 😐
3. ☺ 😐
4. ☺ 😐

____ / 4
Total

NOMBRE:__________________________ **FECHA:**__________________

¡Feliz Año Nuevo!

Mi familia celebra el Año Nuevo. No lo hacemos solo una vez. Lo hacemos dos veces al año. ¿Cómo? Recibimos el Año Nuevo el 1 de enero. Luego, celebramos el Año Nuevo chino. Es en un día diferente cada año. Sigue el calendario chino. Este calendario sigue a la luna. También se llama *calendario lunar*.

El Año Nuevo chino es muy importante. Dura 15 días. Toda mi familia se reúne. Tenemos muchas tradiciones. Usamos prendas rojas. El rojo es el símbolo del fuego. Aleja la mala suerte. También lo hacen los fuegos artificiales. Escuchamos muchos fuegos artificiales durante esta época. Mi familia también tiene un enorme banquete. Por lo general comemos pescado. También nos encantan los bollitos.

El gran final de la celebración llega con el Festival de los faroles. Es la última noche de los 15 días. La gente cuelga faroles encendidos. También los llevan con ellos. A menudo también se hace la danza del dragón. Generalmente se hace un dragón con movimiento de papel o seda. Los hombres jóvenes sostienen al dragón. Lo guían a través de las calles. ¡Esta es mi noche favorita del año!

NOMBRE:________________________ **FECHA:**______________

INSTRUCCIONES Lee "¡Feliz Año Nuevo!" y luego responde las preguntas.

1. ¿Quién puede identificarse con el texto?

- (A) un artista que hace faroles
- (B) un niño al que le encantan los fuegos artificiales del 4 de julio
- (C) un hombre al que le gusta vestirse de rojo
- (D) familias que celebran Janucá con muchas tradiciones

2. ¿Qué color es de buena suerte?

- (A) azul
- (B) rosa
- (C) rojo
- (D) rojizo

3. ¿Qué hace la gente durante el Festival de los faroles?

- (A) quema faroles
- (B) cuelga faroles
- (C) arroja faroles
- (D) regala faroles

4. ¿Cuál de estos resume mejor el Festival de los faroles?

- (A) Dura 15 días. Mi familia siempre se asegura de usar algo rojo.
- (B) También se llama *calendario lunar*.
- (C) Ocurre dos veces al año. Primero lo celebramos el 1 de enero.
- (D) Ocurre en el último día del Año Nuevo chino. La gente cuelga faroles y mira cómo un dragón de papel se mueve por las calles.

5. ¿Cuál resume mejor el texto?

- (A) Una familia solo se viste de rojo.
- (B) Las tradiciones para el Año Nuevo chino de una familia son muy especiales.
- (C) El Festival de los faroles es la última noche del Año Nuevo.
- (D) La danza del dragón avanza por las calles.

PUNTAJE

1. ☺ 😐
2. ☺ 😐
3. ☺ 😐
4. ☺ 😐
5. ☺ 😐

____ / 5
Total

NOMBRE:________________________ **FECHA:**________________

PUNTAJE

___ / 4

Vuelve a leer el texto "¡Feliz Año Nuevo!".

Piensa en una tradición de días festivos que es importante para ti y tu familia.

Escribe sobre tu tradición y descríbela. ¿Qué hace especial a tu tradición?

NOMBRE: ______________________ **FECHA:** ______________

INSTRUCCIONES Lee el texto y luego responde las preguntas.

PUNTAJE

1. ☺ 😐
2. ☺ 😐
3. ☺ 😐
4. ☺ 😐

___ / 4 Total

Muchos niños quieren ser pilotos de automóviles de carreras. Les gusta la idea de conducir rápido. Los automóviles son emocionantes y divertidos. Algunos niños comienzan con este pasatiempo desde pequeños. Construyen pequeños automóviles de carreras de armazón. Puede ser algo divertido para hacer con uno de los padres. ¡Es muy importante seguir un buen plano!

1. ¿De qué trata en general el texto?

- (A) seguir un plan
- (B) trabajar junto con uno de los padres
- (C) automóviles y coches de carreras de armazón
- (D) pasatiempos

2. ¿Qué hacen los niños para seguir su sueño de convertirse en pilotos de automóviles de carrera?

- (A) Pasan tiempo con uno de los padres.
- (B) Conducen rápido.
- (C) Encuentran un pasatiempo.
- (D) Construyen automóviles de carreras de armazón.

3. ¿Cuál es la raíz en *emocionantes*?

- (A) emoción
- (B) emoci
- (C) antes
- (D) cionantes

4. ¿Cuál es otra palabra para la palabra *plano* en la última oración?

- (A) decisión
- (B) pista de carreras
- (C) calendario
- (D) dibujo

NOMBRE:____________________ **FECHA:**_______________

PUNTAJE

1. ☺ 😐
2. ☺ 😐
3. ☺ 😐
4. ☺ 😐

____ / 4
Total

INSTRUCCIONES Lee el texto y luego responde las preguntas.

El atletismo es un deporte. Incluye carreras, saltos y lanzamientos. Los atletas compiten en un estadio. Hay una gran pista ovalada. Los atletas corren alrededor de la pista. Algunas carreras son largas. La más larga es de más de seis millas. Otras carreras son muy cortas. Estas se llaman *sprints*.

1. ¿Qué título va mejor con este texto?

- (A) Saltar por el deporte
- (B) Alrededor de la pista
- (C) Datos sobre el atletismo
- (D) Correr seis millas

2. ¿Qué enunciado es verdadero sobre el atletismo?

- (A) Todos los corredores hacen carreras de seis millas.
- (B) Incluye carreras, saltos y lanzamientos.
- (C) Las carreras largas se llaman *sprints*.
- (D) El atletismo es un pasatiempo.

3. ¿Cuántas sílabas tiene la palabra *compiten*?

- (A) una sílaba
- (B) tres sílabas
- (C) dos sílabas
- (D) cuatro sílabas

4. ¿Cuál probablemente **no** ocurriría en un estadio?

- (A) un encuentro de atletismo
- (B) un juego profesional de béisbol
- (C) la presentación de un coro escolar
- (D) un concierto de rock

NOMBRE:____________________ **FECHA:**______________

INSTRUCCIONES Lee el texto y luego responde las preguntas.

PUNTAJE

1. ☺😐
2. ☺😐
3. ☺😐
4. ☺😐

____ / 4
Total

La mayoría de los automóviles funciona con gasolina. Los motores de gasolina generan escapes, lo que hace que el aire se ensucie. Esto se llama *contaminación*. Algunos automóviles son más limpios. Los *híbridos* son un ejemplo. Funcionan con gasolina, pero además usan la energía de una batería para andar. Usan menos gasolina que los automóviles regulares. Esto los hace mejores para el medio ambiente.

1. Según este texto, ¿por qué los híbridos son mejores para el medio ambiente?

Ⓐ porque funcionan con gasolina
Ⓑ porque usan menos gasolina y generan menos contaminación
Ⓒ porque tienen un motor de gasolina
Ⓓ porque no contaminan

2. ¿Con qué funciona la mayoría de los automóviles?

Ⓐ electricidad
Ⓑ gasolina
Ⓒ escapes
Ⓓ gasolina y electricidad

3. ¿Qué palabra tiene la misma raíz que *contaminación*?

Ⓐ contaminado
Ⓑ conta
Ⓒ nación
Ⓓ minación

4. Usando pistas del contexto, ¿qué es *escapes*?

Ⓐ aire
Ⓑ agua
Ⓒ gasolina usada
Ⓓ olores

NOMBRE:_______________________ **FECHA:**_______________

La pista de carreras

Henry Ford es un hombre famoso. Fabricaba automóviles. Fundó una compañía. Se llama Ford Motor Company. Ford comenzó su compañía en 1903. Aún hoy fabrica automóviles.

Los automóviles se volvieron más populares luego de que se fundara la compañía de Ford. Más personas podían comprarlos. Los automóviles cambiaron la forma en la que vivían las personas.

Las personas han llegado a querer sus automóviles. Muchas personas conducen todos los días. Nació un nuevo deporte. Las carreras de automóviles comenzaron a principios del siglo xx. La gente disfrutaba la emoción de una carrera. NASCAR, la Asociación Nacional de Carreras de Automóviles de Serie, se fundó en 1948.

El deporte ha cambiado con el tiempo. Los automóviles corrían en pistas de tierra. Ahora, corren principalmente en pistas asfaltadas. Las formas de las pistas han cambiado. Son ovaladas. También tienen costados empinados. Este diseño de pista les ayuda a los automóviles a ir más rápido.

Claro, los automóviles también se volvieron más rápidos. Henry Ford se sorprendería si estuviera vivo hoy. ¡Su sueño se ha hecho realidad!

NOMBRE: ______________________ **FECHA:** ______________

INSTRUCCIONES Lee "La pista de carreras" y luego responde las preguntas.

1. ¿Qué experiencia te ayudaría a entender mejor el texto?

- (A) Pinto automóviles de juguete con mi papá todos los fines de semana.
- (B) Me gusta hacer carreras de bicicletas con mi vecino.
- (C) He visto carreras de NASCAR en la televisión.
- (D) Cuando sea lo suficientemente mayor, compraré una motocicleta.

2. ¿Qué aspecto de las pistas de carreras ha cambiado?

- (A) la fama
- (B) la forma
- (C) la fuente
- (D) la función

3. Las formas de las ______ han cambiado.

- (A) postas
- (B) pelotas
- (C) pruebas
- (D) pistas

4. ¿Qué ocurrió en 1948?

- (A) Murió Henry Ford.
- (B) Henry Ford fundó Ford Motor Company.
- (C) Nació Henry Ford.
- (D) Se fundó NASCAR.

5. ¿Qué enunciado resume mejor el texto?

- (A) Ford Motor Company aún existe hoy.
- (B) NASCAR se fundó en 1948.
- (C) El invento de Henry Ford ha creado un deporte popular y emocionante.
- (D) Henry Ford fabricó un automóvil diseñado para todos.

PUNTAJE

1. ☺ ☹
2. ☺ ☹
3. ☺ ☹
4. ☺ ☹
5. ☺ ☹

____ / 5
Total

NOMBRE:________________________ **FECHA:**________________

PUNTAJE

___ / 4

Vuelve a leer el texto "La pista de carreras".

Piensa en los diferentes tipos de carreras que son divertidas para que los niños prueben.

Escribe sobre cuando intentaste correr una carrera. ¿Qué se siente ganar o perder una carrera? Si no has intentado correr una carrera, ¿qué tipo de carrera te gustaría intentar? ¿Cómo te imaginas que se siente ganar o perder una carrera?

NOMBRE:______________________ **FECHA:**______________

INSTRUCCIONES Lee el texto y luego responde las preguntas.

—Quiero inventar un robot para que sea mi asistente —exclamó Nate.

—¿Qué haría tu robot? —preguntó su mamá.

—Limpiaría mi habitación —dijo él—. En realidad, haría todas mis tareas caseras.

—¡Eso suena bien! Dime cuando lo inventes, porque yo también quiero que haga mis quehaceres domésticos —dijo mamá.

1. ¿Quiénes están conversando?

- (A) Nate
- (B) una madre
- (C) Nate y su mamá
- (D) Nate y un robot

2. ¿De qué trata en general el texto?

- (A) tener un asistente
- (B) hacer tareas caseras
- (C) planes para limpiar una habitación
- (D) planes para inventar un robot

3. ¿Cuál de estas es una palabra compuesta?

- (A) preguntarse
- (B) asistente
- (C) quehaceres
- (D) realidad

4. ¿Cuáles palabras son sinónimos?

- (A) *limpiar* y *exclamar*
- (B) *inventar* y *asistente*
- (C) *tareas caseras* e *inventar*
- (D) *quehaceres* y *tareas*

PUNTAJE

1. ☺ 😐
2. ☺ 😐
3. ☺ 😐
4. ☺ 😐

____ / 4
Total

NOMBRE:______________________ **FECHA:**________________

PUNTAJE

1. ☺ 😐
2. ☺ 😐
3. ☺ 😐
4. ☺ 😐

____ / 4
Total

INSTRUCCIONES Lee el texto y luego responde las preguntas.

Nina se preguntó si su vida era más fácil que la vida de sus padres cuando tenían su edad. Conocía las historias de sus padres. Sabía que no tenían lo que ella tiene. Tenían menos canales para ver en la televisión. No había videojuegos ni computadoras. ¿Cómo era la vida? Nina pensó en esto. ¿La vida es más fácil con la tecnología?

1. ¿Qué se pregunta Nina?

Ⓐ cuánto tiempo ver televisión

Ⓑ si la vida es más fácil con la tecnología

Ⓒ si debe comprar una computadora nueva

Ⓓ cuándo ver televisión

2. ¿De qué trata principalmente este texto?

Ⓐ una niña que se queja de su vida complicada

Ⓑ una niña que piensa en cómo la tecnología ha cambiado la vida

Ⓒ una niña que conoce las historias de sus padres

Ⓓ una niña a la que no le gustan las computadoras

3. ¿Cuántas sílabas tiene la palabra *tecnología*?

Ⓐ cuatro sílabas

Ⓑ dos sílabas

Ⓒ tres sílabas

Ⓓ cinco sílabas

4. ¿Qué **no** se consideraría *tecnología*?

Ⓐ videojuegos

Ⓑ computadoras

Ⓒ televisión por cable

Ⓓ libros

NOMBRE:____________________ **FECHA:**________________

INSTRUCCIONES Lee el texto y luego responde las preguntas.

El androide estaba confundido por lo que vio mientras miraba a través del telescopio. ¿Qué era ese objeto? Tenía terminaciones puntiagudas y un mango. Parecía como si los humanos estuvieran pinchando su comida. Usaban el objeto para llevarse la comida a la boca. ¿Qué era este invento tan alocado?

1. ¿Cuál es el invento en el texto?

- (A) un tenedor
- (B) un cuchillo
- (C) una cuchara
- (D) palillos chinos

2. ¿Cómo sabes que el texto es fantasía?

- (A) Es sobre humanos.
- (B) Es sobre un androide.
- (C) Es sobre un invento loco.
- (D) Es sobre un telescopio.

3. ¿Qué palabra tiene la misma raíz que *telescopio*?

- (A) caleidoscopio
- (B) teléfono
- (C) estetoscopio
- (D) telar

4. ¿Cuál de los siguientes objetos tiene un *mango*?

- (A) una pelota de fútbol
- (B) una lámpara
- (C) una taza de café
- (D) una silla

PUNTAJE

1. ☺ 😐
2. ☺ 😐
3. ☺ 😐
4. ☺ 😐

____ / 4
Total

NOMBRE:____________________ **FECHA:**______________

Hacia el futuro

El terreno en el planeta era rocoso. Los robots hicieron todo lo posible para cruzarlo. Estaban tratando de establecerse en su nuevo hogar.

Algunos problemas con otra nación de robots hicieron que estos robots huyeran. Tenían la habilidad de volar por el aire, así que cuando llegó el momento adecuado, todos se elevaron hacia el cielo. Ahora habían aterrizado a salvo.

Los robots tenían su propio idioma. No tenía palabras como el idioma de los humanos. Sonaba como máquinas trabajando. Los robots organizaron y crearon su centro de comando. Pensaban que estaban preparados para cualquier cosa.

Los robots no sabían algo. No estaban solos. Al final del terreno había una colina grande. Del otro lado de la colina había un ejército de criaturas. Cada criatura tenía una cabeza y seis brazos. Su cabeza estaba cubierta de púas en lugar de cabello. Tenía cuatro orejas. Medía doce pies de alto. Era diferente a cualquier otra criatura en el universo.

Los robots no estaban preparados. Las criaturas eran el doble de grandes. Eran el doble de fuertes. Estaban preparadas para la guerra.

Los robots y las criaturas lucharon. Lo hicieron noche y día. Al final, los robots fueron terriblemente derrotados. Los que sobrevivieron volaron por el aire. Iban a encontrar su próximo hogar.

NOMBRE:______________________ **FECHA:**______________

INSTRUCCIONES Lee "Hacia el futuro" y luego responde las preguntas.

1. ¿Cuál tiene conexión con este texto?

(A) Tengo peleas con mis hermanos y me voy a otra habitación para alejarme.
(B) Me disfracé de Superman para Halloween.
(C) Mi papá es el más alto en nuestra familia.
(D) El terreno de la escuela era rocoso antes de que plantaran el césped.

2. ¿Dónde encontraron los robots a las otras criaturas?

(A) al otro lado de la cocina
(B) al otro lado de la colilla
(C) al otro lado de la colina
(D) al otro lado de la colonia

3. ¿Cuál es un problema en el texto?

(A) Los robots vuelan.
(B) Los robots necesitan un nuevo hogar.
(C) Los robots aterrizaron a salvo.
(D) El planeta era rocoso.

4. ¿Qué describe mejor el idioma de los robots?

(A) No tienen idioma.
(B) Suena como máquinas trabajando.
(C) Suena como el español.
(D) Es lenguaje de señas.

5. ¿Cuál resume mejor el texto?

(A) Los robots no pueden ganar.
(B) Los robots pueden volar.
(C) Los robots hablan.
(D) Los robots todavía están en movimiento, luego de que las criaturas los derrotaran.

PUNTAJE

1. ☺ 😐
2. ☺ 😐
3. ☺ 😐
4. ☺ 😐
5. ☺ 😐

____ / 5
Total

NOMBRE:____________________ **FECHA:**________________

PUNTAJE

___ / 4

Vuelve a leer el texto "Hacia el futuro".

Piensa en cómo los robots parecen vivir un momento difícil al intentar encontrar un lugar para sentirse cómodos.

Escribe sobre cuando no te sentiste cómodo en algún lugar. ¿Qué hiciste?

NOMBRE: ______________________ **FECHA:** ______________

INSTRUCCIONES Lee el texto y luego responde las preguntas.

PUNTAJE

Una persona que es ciega no puede ver. Las personas pueden perder la visión por muchas razones. Algunas personas nacen ciegas y otras pierden la vista luego de un accidente o una enfermedad. Las personas que son ciegas deben aprender a moverse en el mundo. Pueden leer usando *braille*. Este es un sistema de puntos en relieve que se leen con el tacto.

1. ¿De qué trata principalmente este texto?

Ⓐ accidentes

Ⓑ puntos en relieve

Ⓒ ser ciego

Ⓓ leer braille

2. ¿Cómo se vuelven ciegas las personas?

Ⓐ Las personas se vuelven ciegas después de un accidente.

Ⓑ Las personas nacen ciegas.

Ⓒ Las personas se vuelven ciegas después de una enfermedad.

Ⓓ todas las opciones anteriores

3. ¿Cuál de estas es una palabra compuesta?

Ⓐ relieve

Ⓑ sistema

Ⓒ automóvil

Ⓓ accidente

4. ¿Cuáles palabras son sinónimos?

Ⓐ *visión* y *vista*

Ⓑ *tocar* y *leer*

Ⓒ *ciego* y *braille*

Ⓓ *mundo* y *alrededor*

1. ☺ ☹
2. ☺ ☹
3. ☺ ☹
4. ☺ ☹

____ / 4
Total

NOMBRE: ____________________ **FECHA:** ______________

INSTRUCCIONES Lee el texto y luego responde las preguntas.

PUNTAJE

1. ☺ 😐

2. ☺ 😐

3. ☺ 😐

4. ☺ 😐

___ / 4 Total

El *lenguaje de señas* es una forma de compartir ideas. Es usado por y para personas que son sordas. Las personas sordas no pueden escuchar. El lenguaje de señas es una forma de expresar ideas con las manos. Se usan gestos en lugar de palabras habladas.

1. ¿Cuál es un dato sobre el lenguaje de señas?

- (A) No funciona de la misma manera que el idioma hablado.
- (B) Es una manera de compartir ideas.
- (C) Es solo para personas sordas.
- (D) Es solo para personas ciegas.

2. ¿Qué dato sobre el lenguaje de señas **no** está incluido en el texto?

- (A) Se usan gestos en lugar de palabras habladas.
- (B) Es usado por y para personas que son sordas.
- (C) Ayuda a fortalecer los músculos de las manos.
- (D) Es una forma de expresar ideas con las manos.

3. ¿Qué palabra tiene el mismo sonido vocálico que *sordo*?

- (A) blanca
- (B) oso
- (C) serenata
- (D) difícil

4. ¿Cuál es un ejemplo de un *gesto*?

- (A) mirar televisión
- (B) gritar: "¡Te quiero!"
- (C) decir adiós con la mano
- (D) leer un libro

NOMBRE: ____________________ **FECHA:** ______________

INSTRUCCIONES Lee el texto y luego responde las preguntas.

PUNTAJE

1. ☺ 😐
2. ☺ 😐
3. ☺ 😐
4. ☺ 😐

___ / 4 Total

Algunos libros hablan sobre personas reales. Son *biografías*. Cuentan una historia de vida. Una historia de vida puede enseñar una lección. Puede inspirar a otros. Podemos aprender de los demás. A los lectores les gustan las buenas historias sobre personas reales.

1. ¿Cuál es la idea principal?

- Ⓐ Las historias de vida son inspiradoras.
- Ⓑ Una biografía es la historia de vida de una persona de la que otros pueden aprender.
- Ⓒ Las buenas historias enseñan lecciones.
- Ⓓ Es posible que una historia de vida no se parezca a tu propia vida.

2. Los lectores disfrutan de las biografías porque

- Ⓐ hablan sobre personas que están vivas.
- Ⓑ son cortas.
- Ⓒ les gustan las historias sobre personas reales.
- Ⓓ son fáciles de leer.

3. ¿Qué palabra tiene el mismo prefijo que *biografía*?

- Ⓐ biología
- Ⓑ telégrafo
- Ⓒ autógrafo
- Ⓓ uva

4. ¿Qué palabra es un sinónimo para *inspirar*?

- Ⓐ entristecer
- Ⓑ motivar
- Ⓒ enojar
- Ⓓ molestar

NOMBRE:________________________ **FECHA:**________________

La vida de Helen Keller

Helen Keller nació en 1880. Era una bebé saludable. El primer año de su vida fue normal. Un día tuvo fiebre muy alta. Estaba muy enferma. Perdió la vista. También perdió la audición. Era ciega y sorda.

Helen estaba muy frustrada. No podía escuchar. No podía ver. No podía hablar con nadie. Helen comenzó a tener berrinches horribles.

La familia de Helen necesitaba ayuda. Contrataron a una maestra. Anne Sullivan se convirtió en la maestra de Helen. Le enseñó a Helen muchas cosas. Le enseñó palabras nuevas. Le enseñó a Helen a conectar ideas. Esto ayudó a que Helen aprendiera a hablar. Tenía seis años. Tocaba los labios de Anne mientras ella hablaba. Helen imitaba a Anne. No siempre era fácil entender a Anne. Pero Helen nunca se rindió.

Helen trabajó duro toda su vida. Ella creció para convertirse en una mujer maravillosa. Fue a la universidad. Escribió libros. Viajó por el mundo. No dejó que nada la detuviera.

Helen Keller

Quizás el don más grande de Helen fue enseñarles a otros a respetarla. Quería respeto para todas las personas que son ciegas y sordas. Compartió su vida con los demás. Helen Keller murió en 1968. Vivió una vida plena. Fue una heroína para muchas personas.

NOMBRE:__________________________ **FECHA:**________________

INSTRUCCIONES Lee "La vida de Helen Keller" y luego responde las preguntas.

1. ¿Quién puede identificarse con el texto?

- (A) un autor que ha escrito muchos libros
- (B) una madre que tiene un bebé enfermo
- (C) un niño que usa abrazaderas ortopédicas en las piernas pero que quiere aprender a jugar fútbol
- (D) un estudiante que aprende de una maestra

2. ¿Qué le enseñó Anne Sullivan a Helen?

- (A) patadas
- (B) palabras
- (C) palomas
- (D) papas

3. ¿Qué palabra describe mejor a Helen Keller?

- (A) saludable
- (B) tímida
- (C) heroína
- (D) horrible

4. ¿Cuál describe mejor cómo Helen Keller vivió su vida?

- (A) Trabajó con Anne Sullivan.
- (B) Aprendió palabras nuevas.
- (C) Vivió una vida plena a pesar de ser ciega y sorda.
- (D) Viajó por el mundo.

5. ¿Cuál es el mejor resumen del texto?

- (A) Helen Keller aprendió muchas cosas nuevas, lo que incluyó cómo hablar y leer braille.
- (B) Helen Keller era ciega y sorda.
- (C) Helen Keller trabajó duro toda su vida.
- (D) Helen Keller superó el hecho de ser ciega y sorda para tener una buena vida y ganarse el respeto de los demás.

PUNTAJE

1. ☺ 😐
2. ☺ 😐
3. ☺ 😐
4. ☺ 😐
5. ☺ 😐

____ / 5
Total

NOMBRE:_____________________ **FECHA:**_______________

PUNTAJE

___/4

Vuelve a leer el texto "La vida de Helen Keller".

Piensa en la valentía de Helen Keller. Tuvo que superar muchas cosas.

Escribe sobre qué te ha ayudado a ser valiente. ¿Cuándo has tenido que superar algo y ser valiente?

NOMBRE: ______________________ **FECHA:** ______________

INSTRUCCIONES Lee el texto y luego responde las preguntas.

PUNTAJE

1. ☺ 😐

2. ☺ 😐

3. ☺ 😐

4. ☺ 😐

____ / 4
Total

Quería algunos objetos en mi fiesta. Los globos son divertidos. Son una decoración bonita. Las serpentinas también son lindas. Escogí un pastel de cumpleaños color púrpura. Los pastelitos también habrían servido. Mi mamá está buscando las velitas. ¡Les dirán a todos cuántos años cumplo!

1. ¿Quién es el narrador?

(A) un niño celebrando su cumpleaños

(B) un papá preparando la cena

(C) un invitado

(D) una mamá

2. ¿Qué le dice el texto al lector sobre esta fiesta de cumpleaños?

(A) Solo las mamás pueden conseguir las velitas.

(B) Incluye decoraciones y dulces deliciosos.

(C) Los pastelitos son mejores que un pastel.

(D) Las fiestas duran mucho tiempo.

3. ¿Cuál de estas es una palabra compuesta?

(A) velita

(B) serpentina

(C) años

(D) cumpleaños

4. ¿A qué se refiere el narrador al decir que las velitas *les dirán a todos cuántos años cumplo*?

(A) La cantidad de velitas en un pastel es la misma que la edad del narrador.

(B) Las velitas tienen señales que indican la edad de una persona.

(C) Las mamás anuncian tu edad en la fiesta.

(D) Las velitas mágicas no se apagan.

NOMBRE:____________________ **FECHA:**______________

INSTRUCCIONES Lee el texto y luego responde las preguntas.

PUNTAJE

1. ☺😐
2. ☺😐
3. ☺😐
4. ☺😐

____ / 4
Total

Hank tenía que escoger a su equipo para un juego de kickball. Hank era un capitán y Félix era el otro. Se tomaron su tiempo para elegir a los jugadores que cada uno quería. Era difícil excluir gente, pero Hank y Félix querían ganar. No querían escoger a los niños que no jugaban bien.

1. ¿Quiénes son los capitanes de kickball?

- (A) Hank y Chloe
- (B) Félix y Juan
- (C) Hank y Félix
- (D) No había capitanes.

2. ¿De qué trata en general el texto?

- (A) ganar
- (B) capitanes que escogen equipos para jugar kickball
- (C) excluir niños
- (D) Hank

3. ¿Cuáles dos palabras pueden formar una palabra compuesta?

- (A) *ganar* y *juego*
- (B) *escoger* y *equipo*
- (C) *jugar* y *juego*
- (D) *video* y *juego*

4. ¿Cuál es un ejemplo de cómo los niños pueden *excluir* a otros?

- (A) solo almorzar con determinados niños y dejar de lado a otros
- (B) trabajar en un proyecto grupal de clase
- (C) leer juntos un libro en la biblioteca
- (D) jugar perseguidos en el recreo

NOMBRE:______________________ **FECHA:**______________

INSTRUCCIONES Lee el texto y luego responde las preguntas.

Kayla se sentía sola. Sus dos amigas estaban en las barras durante el recreo. Otros niños de su clase se perseguían entre ellos. A ella no le interesaban los juegos. Kayla decidió sentarse sola y mirar. Algunos días, se sentía triste en el patio de juegos. Le preocupaba encontrar a sus amigas. Nunca sabía a qué jugar.

1. ¿Cuál es el escenario?

- (A) el patio de juegos
- (B) el salón de clases
- (C) el gimnasio de la escuela
- (D) la calle

2. ¿Qué título va mejor con este texto?

- (A) ¡A columpiarse en las barras!
- (B) Un día soleado para jugar
- (C) Hoy no jugaremos a la atrapada
- (D) Un momento difícil en el recreo

3. ¿Cuál es un sinónimo de *recreo*?

- (A) creación
- (B) recuadro
- (C) recuento
- (D) descanso

4. ¿Qué **no** harían los niños en las barras durante el recreo?

- (A) columpiarse
- (B) patearse
- (C) girar
- (D) colgarse

PUNTAJE

1. ☺ ☹
2. ☺ ☹
3. ☺ ☹
4. ☺ ☹

___ / 4 Total

NOMBRE:_______________________ **FECHA:**_______________

La lista de invitados

Jorge no veía la hora a que llegara su fiesta de cumpleaños. Había estado planeándola durante meses y sabía exactamente lo que quería hacer. Quería ir a las jaulas de bateo con sus amigos. El béisbol era el deporte favorito de Jorge, y sabía que a sus amigos les encantaría practicar con él.

Unas semanas antes de la fiesta, Jorge ordenó su lista de invitados. Tenía siete amigos a quienes quería invitar. Escribió las invitaciones. Las llevó a la escuela para repartirlas. Su plan estaba funcionando muy bien.

El día antes de la fiesta, su mamá recibió una llamada. Era el dueño de las jaulas de bateo. Simplemente estaban revisando el plan. Pero había un problema. Solo tenían espacio para cinco niños. No todos los niños podrían practicar. Jorge no podía creerlo. No tenía idea cómo hacer para elegir. ¿Quién jugaría? ¿Quién quedaría afuera?

Jorge habló con su mamá. Sabía lo que tenía que hacer. Jorge cambió los planes. Era más importante para él incluir a todos. Podía ir a las jaulas de bateo en otra ocasión. En su lugar, los niños fueron al cine. Fueron como un grupo. Todos la pasaron muy bien, ¡especialmente Jorge!

NOMBRE: ______________________ **FECHA:** ______________

INSTRUCCIONES Lee "La lista de invitados" y luego responde las preguntas.

1. ¿Quién puede identificarse con el texto?

- (A) un dueño de jaulas de bateo
- (B) una persona que vende invitaciones de cumpleaños
- (C) un niño que odia el béisbol
- (D) una niña que invita a toda su clase a su fiesta

2. ¿Qué ordena Jorge?

- (A) una lista
- (B) una pista
- (C) una pizza
- (D) una pinza

3. ¿Qué son las jaulas de bateo?

- (A) Son lugares para celebrar grandes fiestas de cumpleaños.
- (B) Son casas para animales.
- (C) Son lugares para practicar bateo.
- (D) No son divertidas.

4. ¿Cuál es el problema?

- (A) A Jorge le encantaba el cine.
- (B) Jorge no podía jugar bien al béisbol.
- (C) Jorge invitó a demasiados amigos a practicar su actividad favorita.
- (D) Jorge invitó a los niños equivocados a su fiesta.

5. ¿Qué palabra resume mejor las acciones de Jorge?

- (A) confundido
- (B) considerado
- (C) egoísta
- (D) rudo

PUNTAJE

1. ☺ 😐
2. ☺ 😐
3. ☺ 😐
4. ☺ 😐
5. ☺ 😐

___ / 5
Total

NOMBRE:____________________ **FECHA:**________________

PUNTAJE

___/4

Vuelve a leer el texto "La lista de invitados".

Piensa en la decisión que Jorge tomó.

Escribe sobre cuando hiciste algo para asegurarte de no lastimar los sentimientos de alguien.

NOMBRE: ______________________ **FECHA:** ______________

INSTRUCCIONES Lee el texto y luego responde las preguntas.

PUNTAJE

1. ☺ 😐
2. ☺ 😐
3. ☺ 😐
4. ☺ 😐

____ / 4 Total

Un nuevo videojuego se presentó en 1958. Se llamaba *Tennis for Two*. Fue el primero. Las personas nunca habían visto un juego como este. Se jugaba en una pantalla. Era asombroso. Era un nuevo invento. Condujo a que se crearan muchos videojuegos nuevos. Las personas todavía juegan videojuegos hoy en día.

1. ¿Cuál es la idea más importante?

(A) *Tennis for Two* se presentó en 1958.
(B) *Tennis for Two* era asombroso.
(C) *Tennis for Two* fue el primero de muchos videojuegos.
(D) *Tennis for Two* era sobre tenis.

2. ¿A qué condujo *Tennis for Two*?

(A) un juego real de tenis
(B) un juego nuevo en una pantalla
(C) más videojuegos
(D) *Tennis for Three*

3. ¿Qué palabra tiene un sufijo o terminación?

(A) video
(B) jugador
(C) gente
(D) hoy

4. ¿Qué definición de *condujo* se usa en el texto?

(A) movió en una dirección
(B) dirigió
(C) fue un líder
(D) guió

NOMBRE: ______________________ **FECHA:** ______________

INSTRUCCIONES Lee el texto y luego responde las preguntas.

PUNTAJE

1. ☺😐
2. ☺😐
3. ☺😐
4. ☺😐

____ / 4
Total

Los niños solían jugar mucho al aire libre. Era lo que hacían para divertirse. Hoy, los niños ven mucha televisión. Nadie se pone de acuerdo sobre cuánto tiempo de televisión es saludable para un niño. Los niños también usan computadoras y juegan videojuegos. Todo esto suma un total de tiempo frente a la pantalla más alto que nunca.

1. ¿Qué título va mejor con este texto?

- (A) Horas de pantalla
- (B) Jugar al aire libre
- (C) Un hábito poco saludable
- (D) ¿Qué es divertido?

2. ¿Cuál es el gran cambio que se describe en el texto?

- (A) Los niños nunca juegan al aire libre.
- (B) Los niños pasan más tiempo que nunca frente a las pantallas.
- (C) El tiempo frente a las pantallas está entristeciendo a los niños.
- (D) Las pantallas son cada vez más grandes.

3. ¿Cuál es el sufijo, o la terminación de la palabra, en la palabra *computadoras*?

- (A) *com–*
- (B) *–as*
- (C) *–tadoras*
- (D) *–doras*

4. ¿Qué significa la frase *tiempo frente a la pantalla* en el texto?

- (A) tiempo que se pasa frente a una pantalla
- (B) un reloj en la pantalla
- (C) el tipo de pantalla
- (D) el tamaño de una pantalla

NOMBRE:________________________ **FECHA:**________________

INSTRUCCIONES Lee el texto y luego responde las preguntas.

Los usuarios de Internet deben ser inteligentes. Los niños deben saber cómo navegar en un sitio web. Deben ser capaces de realizar búsquedas en línea. También deben tener cuidado con lo que publican en línea. Los niños nunca deben chatear con extraños. Tener un padre cerca como ayuda es una buena idea.

1. ¿Qué idea **no** está incluida en el texto?

- (A) Un adulto debe ayudar a los niños a usar Internet.
- (B) Los extraños están en Internet.
- (C) Los niños deben saber cómo ser inteligentes en Internet.
- (D) Navegar en línea es muy fácil.

2. ¿Qué **no** es algo que los niños deban saber sobre estar en línea?

- (A) cómo navegar en un sitio web
- (B) cómo cuidar lo que publican
- (C) cómo chatear con extraños
- (D) cómo realizar búsquedas en línea

3. ¿Qué palabra tiene el mismo sufijo que la palabra *tener*?

- (A) afeitado
- (B) tienen
- (C) saber
- (D) temblar

4. ¿Cuáles de estas palabras significan lo mismo?

- (A) *cerca* e *inteligente*
- (B) *en línea* e *Internet*
- (C) *padres* y *niños*
- (D) *mover* y *buscar*

PUNTAJE

1. ☺ 😐
2. ☺ 😐
3. ☺ 😐
4. ☺ 😐

____ / 4
Total

NOMBRE:________________________ **FECHA:**__________________

Un tipo de juego nuevo

Las personas mayores crecieron jugando juegos diferentes de los que juegan los niños hoy. Los juegos de mesa eran muy divertidos. Monopolio era popular hace muchos años. Asimismo las damas y el ajedrez. Las canicas también llevan aquí mucho tiempo. Los niños todavía hoy juegan esos juegos. Sin embargo, también juegan un tipo de juego nuevo.

Los videojuegos se han popularizado más durante las últimas décadas. Los videojuegos de salón recreativo fueron un gran éxito en las décadas de las setentas y ochentas. También fue el nacimiento de los juegos de computadora. Más niños tenían acceso a estas nuevas pantallas. Estaban enviciados. Los juegos eran rápidos y divertidos. Había mucha acción en la pantalla simultáneamente. Además, muchos de los juegos se podían jugar solo. Un jugador podía jugar contra la computadora. Era un desafío divertido.

A los niños les encantaba jugar videojuegos. Muchos no tenían videojuegos en sus propios hogares. Tenían que ir a un salón recreativo. A veces, los amigos se reunían en una casa. Todos compartían videojuegos ahí.

Con el tiempo, se hizo más común que las personas tuvieran sus propios juegos en la casa. Las pantallas de los videojuegos también empequeñecieron. Empezaron como una gran pantalla en un salón recreativo y se convirtieron en una pequeña pantalla en la mano.

Es difícil saber qué cambios vendrán. ¿Cuál será el gran juego del futuro?

NOMBRE: ____________________ **FECHA:** ______________

INSTRUCCIONES Lee "Un tipo de juego nuevo" y luego responde las preguntas.

1. ¿Cuál tiene conexión con el texto?

Ⓐ Quiero leer libros en mi tiempo libre.
Ⓑ Mirar en pantallas pequeñas lastima mis ojos.
Ⓒ Disfruto jugar muchos tipos de juegos, incluidos los videojuegos.
Ⓓ No conozco las reglas de Monopolio.

2. ¿Cómo describe el autor los juegos de salón recreativo cuando se inventaron por primera vez?

Ⓐ un gran pleito
Ⓑ un gran mito
Ⓒ un gran rito
Ⓓ un gran éxito

3. ¿Qué definición de *nacimiento* se usa?

Ⓐ parentesco
Ⓑ un recién nacido
Ⓒ la herencia de una persona
Ⓓ el comienzo de algo

4. ¿Qué se explica en este texto?

Ⓐ las reglas de Monopolio
Ⓑ el tamaño cada vez más pequeño de los videojuegos
Ⓒ la historia de los videojuegos
Ⓓ los juegos del futuro

5. ¿Cuál resume mejor el texto?

Ⓐ Los juegos de salón recreativo son muy grandes.
Ⓑ Los videojuegos son para los niños varones.
Ⓒ Los videojuegos se han popularizado más.
Ⓓ Los videojuegos unen a los niños.

PUNTAJE

1. ☺😐
2. ☺😐
3. ☺😐
4. ☺😐
5. ☺😐

___ / 5
Total

NOMBRE:________________________ **FECHA:**________________

PUNTAJE

___ / 4

Vuelve a leer el texto "Un tipo de juego nuevo".

Piensa en cómo cambian todo el tiempo los juegos que juegan los niños.

Escribe sobre el tipo de juego que inventarías para el futuro.

NOMBRE:____________________ **FECHA:**____________

INSTRUCCIONES Lee el texto y luego responde las preguntas.

PUNTAJE

Luis necesitaba un traje nuevo. Su tía iba a contraer matrimonio al día siguiente. Luis y su mamá fueron al centro comercial. Estaban comprando ropa nueva. Luis se sentía desconsolado. Estaba distraído. Solamente podía pensar en jugar a la pelota con sus amigos. Detestaba estar adentro en un día tan hermoso.

1. ¿Cuándo ocurre el texto?

(A) en el cumpleaños de Luis

(B) en un día con nieve

(C) un día antes de una boda

(D) el día de práctica de béisbol de Luis

2. ¿Cuál es la idea principal?

(A) Luis tiene que ir de compras pero prefiere estar afuera jugando a la pelota.

(B) Luis tiene una tía que se casa.

(C) A Luis le gusta jugar a la pelota.

(D) Es un día hermoso.

3. ¿Cuál es la locución en el texto?

(A) contraer matrimonio

(B) adentro

(C) mamá

(D) necesitaba

4. ¿Cuál es el significado de la palabra *desconsolado*?

(A) solitario

(B) muy triste

(C) flaco

(D) confusas

1. ☺ 😐
2. ☺ 😐
3. ☺ 😐
4. ☺ 😐

____ / 4
Total

NOMBRE:______________________ **FECHA:**________________

INSTRUCCIONES Lee el texto y luego responde las preguntas.

PUNTAJE

1. ☺ 😐
2. ☺ 😐
3. ☺ 😐
4. ☺ 😐

____ / 4 Total

Brady realmente quería aprender a andar en su bicicleta. Todos sus amigos sabían andar en bicicleta y se sentía excluido. Brady estuvo intentando todo el verano. No contaba con suerte. Su papá sugirió que fueran al parque. Él pensó que el amplio espacio abierto sería favorable. Tenía razón y Brady pudo andar por fin.

1. ¿Qué solución sugiere el papá de Brady?

- (A) practicar más en su bicicleta
- (B) ir al parque y practicar en el amplio espacio abierto
- (C) unirse a sus amigos
- (D) tomar un descanso

2. ¿Qué título va mejor con este texto?

- (A) Mantenerse al ritmo con amigos
- (B) No te des por vencido
- (C) Diversión de verano
- (D) Mala suerte

3. ¿Qué otra palabra tiene el mismo sufijo que *favorable*?

- (A) ayuda
- (B) agradable
- (C) lleno
- (D) ayudante

4. ¿Cuál es un ejemplo de una persona que es *excluida*?

- (A) una familia que cena unida
- (B) un compañero que no es elegido para un juego
- (C) dos cachorros que juegan juntos
- (D) un amigo que entrega invitaciones para la fiesta

NOMBRE:_______________________ **FECHA:**_______________

INSTRUCCIONES Lee el texto y luego responde las preguntas.

PUNTAJE

Ana leyó el periódico. Tenía curiosidad. Ana aprendió sobre su pueblo. Leyó sobre eventos de su calle. Se enteró sobre una nueva señal de alto. Se estaba emplazando en la esquina. El periódico le enseñó a Ana sobre su comunidad.

1. ¿Acerca de qué lee Ana en un periódico?

(A) su pueblo
(B) una escuela
(C) una esquina
(D) una carta

2. ¿Cuál es la idea más importante sobre los periódicos?

(A) Escriben sobre las señales de alto.
(B) Son buenos para que los niños lean.
(C) Cuentan a las personas más sobre su comunidad.
(D) Son interesantes para personas curiosas.

3. ¿Qué palabra tiene la misma raíz que *emplazar*?

(A) jugar
(B) reemplazar
(C) plaza
(D) azar

4. ¿Cuál **no** se encuentra en un periódico?

(A) historias
(B) fotografías
(C) publicidades
(D) menús

1. ☺ 😐
2. ☺ 😐
3. ☺ 😐
4. ☺ 😐

____ / 4
Total

NOMBRE:______________________ **FECHA:**______________

¡Salven nuestro parque!

2 de noviembre de 2012

Estimado editor:

He vivido en Jackson toda la vida. Voy a la escuela Lake School. Estoy en segundo grado. Escribo esta carta porque no estoy de acuerdo con su artículo. Escribió sobre el nuevo centro comercial que se construirá en la calle First Street. Pienso que es interesante tener cosas nuevas para hacer aquí. Solo deseo que nuestra ciudad no haya decidido deshacerse del Parque Hardy. ¿Por qué debemos perder un parque para tener un centro comercial?

Los parques son importantes para todos los que viven ahí. A los niños les gusta jugar en ellos. Los adultos pueden relajarse con sus familias. Son lugares fabulosos para llevar a los perros de paseo y hacer ejercicio. Los adultos siempre dicen a los niños que hagan más ejercicio. ¿Se supone que debemos hacer ejercicio en el centro comercial ahora?

Ir de compras es divertido. El ejercicio es importante. Pienso que es un gran error deshacerse de nuestro parque. Algunas personas dicen que nuestro pueblo tiene muchos otros parques. Eso es cierto. Pero cada parque es importante. Conservemos el parque y busquemos otro lugar donde ubicar el centro comercial.

Atentamente,

Jamie Smith

NOMBRE:_______________________ **FECHA:**_______________

INSTRUCCIONES Lee "¡Salven nuestro parque!" y luego responde las preguntas.

PUNTAJE

1. ☺😐
2. ☺😐
3. ☺😐
4. ☺😐
5. ☺😐

____ / 5
Total

1. ¿Quién puede identificarse con el texto?

(A) un estudiante a quien no le gusta el director de la escuela Lake School
(B) un locutor de radio en Jackson
(C) personas que aprecian la naturaleza de su pueblo o ciudad
(D) una niña que disfruta comprar en el centro comercial

2. Jamie no quiere que la ciudad se ____ de un parque.

(A) deshaga
(B) desmienta
(C) haga
(D) desdicha

3. ¿Cuál es un motivo para mantener el Parque Hardy?

(A) Ir de compras es divertido.
(B) Los parques son lindos.
(C) Las personas se ejercitan en el parque.
(D) Hay otros parques.

4. La carta de Jamie

(A) causa buena impresión a su maestra.
(B) comparte sus opiniones sobre los parques.
(C) detiene la construcción del centro comercial.
(D) le da ejercicios.

5. ¿Cuál es el punto principal en la carta de Jamie?

(A) Jamie ha vivido en Jackson toda su vida.
(B) El Parque Hardy es antiguo.
(C) Un parque es más importante para el pueblo que un centro comercial.
(D) Un centro comercial evita que las personas hagan ejercicio.

NOMBRE:____________________ **FECHA:**_______________

PUNTAJE

___ / 4

Vuelve a leer el texto "¡Salven nuestro parque!".

Piensa en cómo Jamie decidió hacer algo sobre su problema y cómo escribió una carta al periódico para compartir su opinión.

Escribe sobre un problema que desearías que se resolviera en tu comunidad. ¿Cómo describirías el asunto en una carta para el periódico?

NOMBRE: ____________________ **FECHA:** ______________

INSTRUCCIONES Lee el texto y luego responde las preguntas.

PUNTAJE

1. ☺ 😐

2. ☺ 😐

3. ☺ 😐

4. ☺ 😐

___ / 4
Total

¿Escuchaste alguna vez sobre la Torre Eiffel? Es un edificio famoso. Está en París, Francia. Es un monumento hermoso. Se construyó en 1889. ¡Su construcción duró más de dos años! Muchos visitantes van a la torre cada año. Se enciende en la noche. ¡Qué vista!

1. ¿Qué oración resume mejor el texto?

- (A) La Torre Eiffel recibe muchos visitantes.
- (B) La Torre Eiffel se enciende en la noche.
- (C) La Torre Eiffel es un edificio famoso en París que muchas personas visitan.
- (D) La construcción de la Torre Eiffel duró dos años.

2. ¿Qué enunciado **no** es verdadero sobre la Torre Eiffel?

- (A) Su construcción duró menos de dos años.
- (B) Es un edificio famoso.
- (C) Está en París, Francia.
- (D) Se construyó en 1889.

3. ¿Cuáles palabras riman?

- (A) *dos* y *torre*
- (B) *famoso* y *hermoso*
- (C) *tomó* y *más*
- (D) *construyó* y *construir*

4. ¿Cuál es otro término para *monumento*?

- (A) luz
- (B) edificio famoso
- (C) francés
- (D) calle

NOMBRE:____________________ **FECHA:**______________

INSTRUCCIONES Lee el texto y luego responde las preguntas.

PUNTAJE

1. ☺ 😐

2. ☺ 😐

3. ☺ 😐

4. ☺ 😐

____ / 4
Total

La mayoría de las personas compran cosas con dinero. Usan billetes y monedas. Compran lo que necesitan. Es así en lugares de todo el mundo. La mayoría de los países tienen su propio tipo de dinero. Un *dólar* es un billete en Estados Unidos. Un *euro* es dinero que se usa en partes de Europa. Las personas que viajan tienen que intercambiar dinero. Tienen que usar el dinero del país que visitan.

1. ¿De qué trata en general el texto?

Ⓐ intercambio de dinero
Ⓑ dinero
Ⓒ euros
Ⓓ compras

2. ¿Qué tipo de dinero se compara con un *dólar*?

Ⓐ un euro
Ⓑ un billete
Ⓒ una moneda
Ⓓ dinero

3. ¿Cuáles palabras riman?

Ⓐ *comprar* y *verdad*
Ⓑ *usar* y *cerca*
Ⓒ *viajero* y *dinero*
Ⓓ *gastar* y *personas*

4. ¿Cuál **no** es una palabra en el texto que se relacione con *dinero*?

Ⓐ gastar
Ⓑ ir de compras
Ⓒ comprar
Ⓓ lugares

NOMBRE:____________________ **FECHA:**______________

INSTRUCCIONES Lee el texto y luego responde las preguntas.

¿Qué es un *continente*? Es un área grande de tierra. Hay siete continentes en el mundo. Un continente puede dividirse en muchos países. Puede tener docenas. Un continente tiene solo un país. ¿Cuál es? Es Australia.

1. ¿Qué **no es** verdadero sobre los continentes?

(A) Australia es un continente.

(B) El mundo está dividido en estas grandes áreas de tierra.

(C) Están divididos en países más pequeños.

(D) Hay ocho.

2. ¿Qué es único sobre Australia?

(A) Es un continente.

(B) Es un país.

(C) Es un continente y un país.

(D) No es un país ni un continente.

3. ¿Cuál tiene la misma raíz que *dividido*?

(A) video

(B) división

(C) vice

(D) vivir

4. ¿Cómo podrías aprender más sobre *continentes*?

(A) mirando más al cielo

(B) leyendo un libro de matemáticas

(C) escuchando música

(D) mirando un mapa

PUNTAJE

1. ☺ ☹
2. ☺ ☹
3. ☺ ☹
4. ☺ ☹

____ / 4
Total

NOMBRE:_______________________ **FECHA:**_______________

Francia

Francia es un país. Está en Europa. La capital de Francia es París. Es una parte hermosa del mundo. Francia es una de las naciones más antiguas. La evidencia muestra que los seres humanos se asentaron allí hace más de 16,000 años.

El paisaje es muy diverso. Hay playas cálidas en el sur. Se encuentran en el mar Mediterráneo. La Riviera francesa está allí. Es famosa por sus playas. También hay montañas enormes. Son los Alpes franceses. Francia además tiene mucha tierra para cultivos. El país produce muchos alimentos. Gran cantidad de estos son enviados alrededor del mundo. Francia es famosa por el vino y los quesos.

Muchas personas quieren visitar Francia. Alrededor de 75 millones de personas la visitan cada año. Les encantan las playas. Visitan las montañas. También acuden en masa a París. Esta famosa ciudad tiene mucho para ofrecer. La comida francesa es deliciosa. A las personas les gusta pasear por la ciudad. Disfrutan de los paisajes. Van de compras y salen a comer.

París, Francia

Algún día posiblemente visites Francia. Si lo haces, intenta aprender algunas palabras en francés. Así podrás hablar con las personas allí.

NOMBRE:_________________________ **FECHA:**_______________

INSTRUCCIONES Lee "Francia" y luego responde las preguntas.

PUNTAJE

1. ¿Qué enunciado está relacionado con el texto?

(A) El queso hace que me duela el estómago.

(B) Mi familia va de viaje y aprendemos todo lo que podemos.

(C) Me gusta la playa.

(D) Puedo decir algunas palabras en español.

2. ¿Qué produce Francia?

(A) colmillos

(B) cultivos

(C) cortes

(D) culebras

3. ¿Qué significa *acudir en masa* en el tercer párrafo?

(A) un grupo de aves

(B) visitar en grandes números

(C) nieve falsa

(D) abandonar

4. ¿Qué parte de la vida francesa **no** está en el texto?

(A) el negocio del turismo

(B) su paisaje

(C) su historia

(D) su gobierno

5. ¿Cuál es el mejor resumen del texto?

(A) Francia es un país hermoso con muchas cosas interesantes para ver y hacer.

(B) Debes elegir entre visitar las montañas o la playa en Francia.

(C) Francia es un país muy antiguo.

(D) Hablar francés hará más fácil tu visita.

1. ☺ 😐

2. ☺ 😐

3. ☺ 😐

4. ☺ 😐

5. ☺ 😐

____ / 5
Total

NOMBRE: ______________________ **FECHA:** ________________

PUNTAJE

___ / 4

Vuelve a leer el texto "Francia".

Piensa en todo lo que aprendiste sobre Francia.

Escribe sobre la característica de Francia que te resulta más interesante y por qué.

NOMBRE:_______________________ **FECHA:**_______________

INSTRUCCIONES Lee el texto y luego responde las preguntas.

PUNTAJE

La máquina del tiempo se encendió y ahora Juana tenía una oportunidad. ¿Qué año quería visitar? Podía ir al pasado o podía ir al futuro. Asimismo, podía intentar conocer a alguien famoso. Al principio, a Juana le resultó difícil decidir. Finalmente supo qué hacer. Quería ver la antigua Roma por sí misma.

1. ¿De qué trata en general el texto?

- (A) unas vacaciones
- (B) un paseo en avión
- (C) una máquina del tiempo
- (D) Roma

2. ¿Cómo sabes que el texto es ficción?

- (A) porque la antigua Roma es sobre historia
- (B) porque una máquina del tiempo es fantasía
- (C) porque Juana está sola
- (D) porque se trata sobre el futuro

3. ¿Cuál es una palabra compuesta?

- (A) asimismo
- (B) pasado
- (C) quería
- (D) máquina

4. Si Juana viajara a la *antigua* Roma, ¿cuál sería verdadera?

- (A) Juana viajó a una isla.
- (B) Juana viajó a un castillo.
- (C) Juana viajó al futuro.
- (D) Juana viajó al pasado.

1. ☺ 😐

2. ☺ 😐

3. ☺ 😐

4. ☺ 😐

____ / 4
Total

NOMBRE: ____________________ **FECHA:** ______________

INSTRUCCIONES Lee el texto y luego responde las preguntas.

PUNTAJE

1. ☺ 😐
2. ☺ 😐
3. ☺ 😐
4. ☺ 😐

____ / 4
Total

—¿Qué crees que es esto? —preguntó la pequeña niña a su amiga.

Las dos niñas estaban en el parque y deambularon más allá del patio de juegos. Estaban en territorio nuevo. Notaron un gran hongo morado.

—No sé qué es eso —dijo la amiga.

Las dos niñas lo tocaron y, en un instante, desaparecieron sin dejar rastro.

1. ¿Qué sucede después de que las niñas tocan el hongo?

- (A) Se van del parque.
- (B) Desaparecen.
- (C) Van a un territorio nuevo.
- (D) Se van del patio de juegos.

2. ¿Qué título va mejor con este texto?

- (A) Las niñas deambulantes
- (B) Un día en el parque
- (C) El viaje
- (D) Un momento mágico

3. ¿Qué palabra tiene el mismo prefijo que *desaparecer*?

- (A) desaprobar
- (B) apreciar
- (C) apariencia
- (D) aparentemente

4. ¿Dónde **no** debe permitirse que los niños *deambulen*?

- (A) un jardín
- (B) el patio de juegos de una escuela
- (C) la calle transitada de una ciudad
- (D) un patio

NOMBRE:_________________________ **FECHA:**_______________

INSTRUCCIONES Lee el texto y luego responde las preguntas.

El mapa tenía una gran *X*. La mujer que lo había encontrado lo entregó en la recepción del hotel. Dijo que el mapa estaba enrollado y estaba sobre la arena de la playa. El dueño del hotel tomó el mapa y lo dejó al lado. No volvió a pensar en el mapa. Su hijo era mucho más curioso. Sabía que era un mapa para un tesoro enterrado.

1. ¿Qué cree que ha encontrado el hijo del dueño?

- (A) un tesoro enterrado
- (B) un mapa de un tesoro enterrado
- (C) un mapa con una *X*
- (D) un mapa hacia el hotel

2. ¿Cuál es la parte más importante del texto?

- (A) El dueño de un hotel dejó un mapa de lado.
- (B) Un niño vio un mapa y pensó que lo conduciría a un tesoro enterrado.
- (C) Un mapa tenía una *X*.
- (D) Un mapa estaba enrollado.

3. ¿Cuáles dos palabras tienen el mismo sufijo?

- (A) *arenoso* y *frontal*
- (B) *lado* y *mapa*
- (C) *enrollado* y *enterrado*
- (D) *enrollado* y *hotel*

4. ¿Qué significa la palabra *entregó* en el texto?

- (A) devolvió un elemento perdido
- (B) volvió a pagar algo
- (C) volvió a decir
- (D) puso algo al revés

PUNTAJE

1. ☺ ☹
2. ☺ ☹
3. ☺ ☹
4. ☺ ☹

___ / 4
Total

NOMBRE:_________________________ **FECHA:**_______________

La caja misteriosa

Zoe y Liam jugaban en el patio. Era un día típico para los dos hermanos. Zoe estaba jugando en el arenero, y Liam practicaba béisbol. El sol estaba a punto de ponerse, así que su mamá iba a llamarlos a cenar en cualquier momento.

Liam se detuvo rápidamente. Notó algo en la esquina del patio. Nunca lo había visto antes. Estaba atascado entre dos árboles y un arbusto. Era la esquina de una caja grande. La caja estaba girada sobre un lado. Estaba enterrada. La esquina de la caja sobresalía levemente.

Liam le contó esto a Zoe, así que fueron a verificarlo. Zoe se preocupó por que fuera algo aterrador, pero Liam estaba entusiasmado. Él pensaba que era un descubrimiento interesante.

Los dos abrieron la caja. Dentro había un montón de tela vieja. Los niños estaban muy confundidos. Liam esperaba encontrar un tesoro. A Zoe le preocupaba encontrar algo repugnante. ¿Pero un montón de tela? ¿Por qué estaba eso en esta caja?

Halaron las largas tiras de tela blanca. Comenzaron a ponerlas sobre el suelo. Zoe creyó oler algo extraño. Liam seguía trabajando.

Después de algunos minutos los niños miraron de cerca la tela. Algunas tiras de tela tenían impresiones. Parecía una cara. Zoe podía ver la figura de una nariz y ojos.

Liam se preguntaba si la tela envolvía a una persona. Zoe pensó acerca de esto. Se sentó rápidamente. Había una mirada de terror en sus ojos. ¿Acaban de encontrar la tela de una momia?

NOMBRE:______________________ **FECHA:**________________

INSTRUCCIONES Lee "La caja misteriosa" y luego responde las preguntas.

1. ¿Quién puede identificarse con el texto?

- (A) un niño que ha descubierto cosas en su propio patio
- (B) un niño que disfruta leer sobre árboles
- (C) una persona que diseña cajas
- (D) un jardinero

2. ¿Qué hay enterrado?

- (A) un juguete
- (B) una caja
- (C) una bolsa
- (D) un tesoro

3. ¿Qué significa un *día típico* para Zoe y Liam?

- (A) un día discutiendo
- (B) un día haciendo cosas que hacen normalmente
- (C) un día escribiendo
- (D) un día adentro

4. ¿Cuál es la relación entre Zoe y Liam?

- (A) Son vecinos.
- (B) Son hermanos.
- (C) Son amigos.
- (D) Son extraños.

5. ¿Cuál es el mejor resumen del texto?

- (A) Dos niños descubren una caja y tienen demasiado miedo de abrirla.
- (B) Dos niños descubren una caja y discuten qué hacer.
- (C) Dos niños juegan en el patio.
- (D) Dos niños descubren una caja que está llena de tela y piensan que puede provenir de una momia.

PUNTAJE

1. ☺ 😐
2. ☺ 😐
3. ☺ 😐
4. ☺ 😐
5. ☺ 😐

____ / 5
Total

NOMBRE:____________________ **FECHA:**_______________

PUNTAJE

___ / 4

Vuelve a leer el texto "La caja misteriosa".

Piensa en encontrar una caja misteriosa en tu jardín.

Escribe sobre lo que harías con ella.

NOMBRE:____________________ **FECHA:**_______________

INSTRUCCIONES Lee el texto y luego responde las preguntas.

PUNTAJE

1. ☺ 😐
2. ☺ 😐
3. ☺ 😐
4. ☺ 😐

____ / 4
Total

¡Una montaña rusa puede ser muy emocionante! Es una atracción muy divertida. ¿Sabías que la ciencia nos enseña cómo funciona una montaña rusa? Una montaña rusa no es accionada por un motor. Se hala hacia la parte superior de una colina y luego se deja caer. El *impulso* de rodar hacia abajo de la colina mantiene a la montaña rusa en movimiento.

1. ¿De qué trata en general el texto?

- (A) ciencia
- (B) parques de diversiones
- (C) montañas rusas
- (D) colinas

2. ¿Cómo se mantiene en movimiento una montaña rusa?

- (A) impulso
- (B) un motor
- (C) electricidad
- (D) caballos de fuerza

3. ¿Cuántas sílabas hay en la palabra *impulso*?

- (A) cuatro sílabas
- (B) dos sílabas
- (C) tres sílabas
- (D) cinco sílabas

4. Usando pistas contextuales, ¿qué definición de *impulso* tiene más sentido?

- (A) gravedad
- (B) tener velocidad
- (C) velocidad en reversa
- (D) longitud

NOMBRE:____________________ **FECHA:**________________

INSTRUCCIONES Lee el texto y luego responde las preguntas.

PUNTAJE

1. ☺ 😐
2. ☺ 😐
3. ☺ 😐
4. ☺ 😐

____ / 4
Total

Una *balanza* es un dispositivo simple. Es para pesar objetos. Es el primer tipo de báscula que se inventó. Un objeto de peso desconocido se coloca a un lado. Luego, una cantidad de peso conocida se pone al otro lado. La balanza se equilibrará cuando ambos lados tengan la misma cantidad de peso.

1. ¿Cuál es un buen título para el texto?

Ⓐ Una barra de equilibrio
Ⓑ Cosas pesadas
Ⓒ Todo sobre básculas
Ⓓ La primera báscula

2. ¿Cuándo se equilibra la balanza?

Ⓐ cuando pones un peso a un lado
Ⓑ cuando los dos lados tienen el mismo peso
Ⓒ cuando ambos lados tienen diferentes pesos
Ⓓ cuando el peso conocido es mayor

3. ¿Cuál es la raíz de *desconocido*?

Ⓐ cido
Ⓑ conoc
Ⓒ ono
Ⓓ descono

4. ¿Qué palabra del texto es similar a *balanza*?

Ⓐ ecuación
Ⓑ diferencia
Ⓒ báscula
Ⓓ objeto

NOMBRE: ______________________ **FECHA:** ______________

INSTRUCCIONES Lee el texto y luego responde las preguntas.

PUNTAJE

1. ☺ 😐
2. ☺ 😐
3. ☺ 😐
4. ☺ 😐

____ / 4 Total

Un trompo es un juguete que se conoce hace mucho tiempo. Gira mientras se equilibra sobre una punta. Generalmente, los dedos de un jugador agarran el trompo y lo hacen girar rápidamente. A veces, para hacerlo girar se usa un hilo o un palito. Cuando el trompo se desacelera, cae sobre una superficie.

1. ¿Cuál es la idea más importante?

Ⓐ Un trompo es un juguete que gira mientras se equilibra sobre una punta.

Ⓑ El trompo se conoce hace mucho tiempo.

Ⓒ Un trompo se hace girar rápidamente con los dedos.

Ⓓ Un trompo siempre cae.

2. ¿Qué **no** se usa para hacer girar un trompo?

Ⓐ un hilo

Ⓑ un palito

Ⓒ una pila

Ⓓ dedos

3. *Trompo* es una palabra

Ⓐ aguda

Ⓑ sobreesdrújula

Ⓒ esdrújula

Ⓓ grave

4. ¿Cuáles dos palabras tienen significado similar?

Ⓐ *equilibrar* y *hacer*

Ⓑ *girar* y *hacer dar vueltas rápidamente*

Ⓒ *desacelerar* y *agarrar*

Ⓓ *punta* y *superficie*

NOMBRE:____________________ **FECHA:**______________

Movimiento constante

Las cosas se mueven alrededor nuestro todo el tiempo. Los automóviles y las bicicletas pasan zumbando. Las pelotas se alejan rodando. Las olas van y vienen. Hasta nuestro propio planeta gira y rota. ¡Lo hace y nosotros ni lo sentimos!

Muchas cosas se mueven de alguna manera. Sin embargo, no todos los objetos se mueven de la misma forma. El movimiento puede significar muchas cosas. Puede significar moverse de un lugar a otro. Puede significar girar sobre el mismo lugar. Algunos objetos se equilibran y luego comienzan a moverse. Pueden caerse al final.

A las personas les fascina el movimiento. Hasta a los bebés les gusta mirar cosas cuando se mueven. Muchos padres cuelgan un móvil sobre la cuna de sus bebés. A los bebés el movimiento les parece interesante.

A medida que los niños crecen, les encanta cambiar las cosas de lugar. Los automóviles de juguete pueden pasar zumbando sobre una pista. Las torres de bloques pueden equilibrarse cuidadosamente. Luego, los bloques caen y colpasan. Los aviones de papel son divertidos para hacer volar en el aire.

Los adultos también estudian el movimiento. Aprenden cómo mantener a los aviones en movimiento a través del aire. Cumplen reglas para moverse de manera segura en las calles y autopistas. Diseñan juguetes y máquinas. Todos estos también se mueven.

Mira a tu alrededor ahora. ¿Qué ves que se esté moviendo?

NOMBRE: ____________________ **FECHA:** ______________

INSTRUCCIONES Lee "Movimiento constante" y luego responde las preguntas.

1. ¿Cuál tiene conexión con el texto?

(A) Los automóviles van demasiado rápido en la autopista.

(B) Quiero aprender a andar en bicicleta.

(C) No recuerdo haber dormido en una cuna.

(D) Practico hacer equilibrio y girar en las clases de ballet.

2. ¿Cómo se mueven las pelotas?

(A) Rozan.

(B) Rigen.

(C) Rugen.

(D) Ruedan.

3. ¿Cuál muestra la opinión del autor?

(A) Todas las cosas se mueven de la misma manera.

(B) A los niños les gusta el movimiento.

(C) A los adultos no les importa el movimiento.

(D) El equilibrio es importante.

4. ¿Qué verbo **no** se usa en el texto?

(A) arrastrar

(B) pasar zumbando

(C) rodar

(D) volar

5. ¿Cuál es el mejor resumen del texto?

(A) Los objetos se mueven en línea recta.

(B) Los objetos no se mueven siempre.

(C) Los objetos se mueven de muchas maneras.

(D) Los objetos se mueven rápida o lentamente.

PUNTAJE

1. ☺ 😐
2. ☺ 😐
3. ☺ 😐
4. ☺ 😐
5. ☺ 😐

___ / 5
Total

NOMBRE:____________________ **FECHA:**______________

PUNTAJE

___ / 4

Vuelve a leer el texto "Movimiento constante".

Piensa en una experiencia que hayas tenido con el movimiento.

Escribe sobre lo que se movía. ¿Cómo describirías el movimiento? ¿Por qué recuerdas esto?

NOMBRE:____________________ **FECHA:**______________

INSTRUCCIONES Lee el texto y luego responde las preguntas.

PUNTAJE

1. ☺😐
2. ☺😐
3. ☺😐
4. ☺😐

____/ 4 Total

Justino vio la araña grande y peluda. Se arrastraba desde atrás de la encimera. Dio un grito y salió corriendo de la cocina. "¿Qué sucede?", gritó su mamá. Justino tenía miedo de decirle a su mamá. Ella les tenía fobia a las arañas y sus telarañas. No estaría feliz de ver lo que más le da miedo.

1. ¿Qué sucede justo después de que Justino ve la araña?

Ⓐ Justino busca en la encimera.

Ⓑ Justino da un alarido y sale corriendo de la cocina.

Ⓒ Justino cuenta a su mamá sobre la araña.

Ⓓ La mamá de Justino grita.

2. ¿Cuál es la idea principal?

Ⓐ Una araña es grande y peluda.

Ⓑ La mamá de Justino tiene una fobia.

Ⓒ Justino encuentra una araña y no quiere decirle a su mamá.

Ⓓ Justino da un grito.

3. ¿Cuál es la palabra compuesta en el texto?

Ⓐ miedo

Ⓑ telarañas

Ⓒ peluda

Ⓓ cocina

4. ¿Cuál es el significado de la palabra *fobia*?

Ⓐ un alarido

Ⓑ relacionado con arañas

Ⓒ un fuerte miedo

Ⓓ algo que te hace infeliz

NOMBRE: ____________________ **FECHA:** ______________

INSTRUCCIONES Lee el texto y luego responde las preguntas.

PUNTAJE

1. ☺ 😐

2. ☺ 😐

3. ☺ 😐

4. ☺ 😐

___ / 4
Total

Muchas cosas ocurren durante mi día escolar. Mi maestra nos mantiene ocupados. Leemos y escribimos todas las mañanas. Me gusta escribir en mi diario y leer de manera independiente. El recreo de la mañana es un buen receso de nuestro trabajo. Luego, es hora de matemáticas. Trabajamos duro hasta que es tiempo de almorzar. Por la tarde, podemos hacer ciencia, estudios sociales o arte. La campana toca a las tres en punto. ¡De seguro hacemos muchas cosas en un solo día escolar!

1. ¿Quién es el narrador?

Ⓐ un estudiante
Ⓑ una maestra
Ⓒ un director
Ⓓ una mamá

2. ¿Qué título va mejor con este texto?

Ⓐ Una campana a las tres
Ⓑ Las revistas son divertidas
Ⓒ Tiempo para descansar en el receso
Ⓓ Un día escolar atareado

3. ¿Cuál es el sufijo en *independientemente*?

Ⓐ *in–*
Ⓑ *–mente*
Ⓒ *–dient–*
Ⓓ *–dependientemente*

4. ¿Qué materia **no** se enseña antes del almuerzo?

Ⓐ lectura
Ⓑ estudios sociales
Ⓒ escritura
Ⓓ matemáticas

NOMBRE:______________________ **FECHA:**______________

INSTRUCCIONES Lee el texto y luego responde las preguntas.

Chris trabaja en la biblioteca. Es bibliotecaria. Chris ayuda a que las personas encuentren libros. Un día, una niña pequeña vino a la biblioteca. Quería saber dónde podía encontrar material de referencia. Estaba tratando de escribir un informe para la escuela. Chris ayudó a la niña.

1. ¿Qué necesita encontrar la niña en la biblioteca?

- Ⓐ material de referencia
- Ⓑ un tema de investigación
- Ⓒ a su mamá
- Ⓓ libros sobre gatos

2. ¿Qué te dice el texto sobre el trabajo que hacen los bibliotecarios?

- Ⓐ Saben muchos datos sobre muchos temas diferentes.
- Ⓑ Colocan los libros en los estantes solo por la mañana.
- Ⓒ Ayudan a que las personas encuentren información que están buscando.
- Ⓓ Ayudan a que las personas tengan buenas notas en proyectos.

3. ¿Cuál tiene la misma raíz que *referencia*?

- Ⓐ reforma
- Ⓑ referido
- Ⓒ reflejar
- Ⓓ diferir

4. ¿Qué palabra significa lo mismo que *ayuda*?

- Ⓐ dice
- Ⓑ pista
- Ⓒ responde
- Ⓓ asiste

PUNTAJE

1. ☺ 😐
2. ☺ 😐
3. ☺ 😐
4. ☺ 😐

____ / 4
Total

NOMBRE:_______________________ **FECHA:**_______________

Una tarea difícil

Sara sabía que este día iba a llegar. Estuvo temiendo esto durante dos semanas. Comenzó después de que su maestra le explicó el proyecto. Era un informe oral para ciencia.

A Sara le encantaban las ciencias más que ninguna otra materia. Siempre sacaba en préstamo libros de la biblioteca. Le interesaban muchos temas de ciencia. El espacio y la geología eran sus favoritos. El informe iba a ser la parte fácil. La presentación oral era otra historia. Pensar en ello la mantuvo despierta a la noche.

A Sara le daba miedo hablar en público. La hacía sentir nerviosa y la dejaba en silencio. Se le secaba la boca. Le sudaban las manos. Estar en frente de las personas era simplemente aterrorizante.

Esta vez, su mamá trató de ayudar. Dio a Sara algunos consejos. Primero, Sara imaginó su presentación. Se imaginó parada en frente del grupo y sin miedo. Luego, Sara practicó la exposición. Un espejo fue de gran ayuda. Incluso usó a su familia como audiencia. Luego, descansó bien la noche anterior. Se despertó el día de la presentación y comió un desayuno saludable.

Sara estaba lista. Había seguido el consejo de su mamá. Estaba preparada y descansada. Se imaginó a sí misma con éxito. Era hora de actuar. Sara se levantó frente a la clase. Dio su discurso, y luego, había terminado. ¡Estaba emocionada! ¡Había sobrevivido!

El plan de su mamá funcionó. Todo lo que le tomó fue algo de práctica y una buena actitud. Ahora no tenía miedo de hablar en frente de la clase. ¡Sabía que podía hacerlo!

NOMBRE:________________________ **FECHA:**________________

INSTRUCCIONES Lee "Una tarea difícil" y luego responde las preguntas.

1. ¿Quién puede identificarse con el texto?

- (A) un estudiante que tiene que ir a la oficina del director
- (B) un autor que escribe una historia
- (C) un ciclista que olvida ponerse un casco
- (D) una bailarina que está ansiosa antes de un espectáculo

2. ¿Qué le da la mamá de Sara?

- (A) algunos consejos
- (B) algunos conejos
- (C) algunos consejeros
- (D) algunas consignas

3. ¿Cómo están las manos de Sara cuando se pone nerviosa?

- (A) saludables
- (B) sudaderas
- (C) sudadas
- (D) sudar

4. ¿Cuál es el problema?

- (A) Sara practicó su presentación.
- (B) Sara no completó una tarea correctamente.
- (C) Sara obedeció a su mamá.
- (D) Sara estaba nerviosa por su presentación.

5. ¿Cuál resume mejor el texto?

- (A) Sara estaba nerviosa sobre un informe oral, pero tomó el consejo de su mamá e hizo un gran trabajo.
- (B) Sara estaba demasiado nerviosa para estudiar cualquier otra materia además de ciencia.
- (C) La mamá de Sara estaba muy desilusionada por el trabajo de Sara, así que se hizo cargo y mejoró las cosas.
- (D) La maestra de Sara asignó un informe oral y Sara no pudo dormir.

PUNTAJE

1. ☺ 😐
2. ☺ 😐
3. ☺ 😐
4. ☺ 😐
5. ☺ 😐

____ / 5
Total

NOMBRE:________________________ **FECHA:**________________

PUNTAJE

___ / 4

Vuelve a leer el texto "Una tarea difícil".

Piensa en todas las formas en las que Sara se prepara para su presentación.

Escribe sobre un momento en que hayas tenido miedo de hacer algo. ¿Qué hiciste para superar el miedo?

NOMBRE:________________________ **FECHA:**________________

INSTRUCCIONES Lee el texto y luego responde las preguntas.

PUNTAJE

1. ☺☹
2. ☺☹
3. ☺☹
4. ☺☹

____ / 4
Total

Dormir en el espacio puede ser difícil. No hay gravedad, así que los astronautas pueden flotar en el espacio. Aún así, los miembros de la tripulación tienen que dormir. La estación espacial tiene habitaciones privadas para dormir. Los miembros de la tripulación se anclan a sus camas.

1. ¿De qué trata en general el texto?

(A) espacio
(B) dormir en el espacio
(C) dormir
(D) la estación espacial

2. ¿Cómo duermen los astronautas en el espacio?

(A) Se sujetan a la cama.
(B) Flotan.
(C) No duermen.
(D) Todos duermen en la misma habitación.

3. ¿Qué palabra tiene el mismo sufijo que *dormir*?

(A) sonar
(B) hablar
(C) rayas
(D) asumir

4. ¿Cuál es otro significado de *anclar*?

(A) flotar
(B) sujetar
(C) cubrir
(D) pegar

NOMBRE:_______________________ **FECHA:**_______________

INSTRUCCIONES Lee el texto y luego responde las preguntas.

PUNTAJE

1. ☺ 😐

2. ☺ 😐

3. ☺ 😐

4. ☺ 😐

___ / 4 Total

Un *cometa* es un pequeño cuerpo del sistema solar. Un cometa es una mezcla de hielo, polvo y rocas pequeñas. Tiene una cola larga formada por gas y partículas de polvo. Puede tener un contorno borroso llamado *cabellera*. Esto ocurre cuando el cometa se acerca al Sol. El cometa Halley puede ser el más famoso. Puede verse desde la Tierra aproximadamente cada setenta y seis años.

1. ¿De qué se trata principalmente este texto?

- (A) el cometa Halley
- (B) los cometas
- (C) el sistema solar
- (D) el Sol

2. ¿Cuándo tiene un cometa un contorno borroso?

- (A) cuando explota
- (B) cuando se acerca al Sol
- (C) cada setenta y seis años
- (D) Solo el cometa Halley tiene un contorno borroso.

3. *Cometa* es una palabra

- (A) aguda
- (B) sobreesdrújula
- (C) grave
- (D) esdrújula

4. ¿Qué significa *cola* en este texto?

- (A) la parte de atrás de una moneda
- (B) la parte de atrás del cuerpo de un animal
- (C) el extremo
- (D) flujo de gas y partículas de polvo

NOMBRE: ____________________ **FECHA:** ______________

INSTRUCCIONES Lee el texto y luego responde las preguntas.

Solía haber nueve planetas en el sistema solar. Plutón era el noveno planeta. Hoy, Plutón no se llama planeta. Se llama *planeta enano*. Todavía orbita alrededor del Sol como los ocho planetas, pero es más pequeño.

1. ¿Qué te dice el texto sobre Plutón?

- (A) Plutón solía llamarse planeta y ahora se llama planeta enano.
- (B) Plutón no es un planeta enano.
- (C) Plutón orbita alrededor de la Luna.
- (D) Plutón es el planeta enano más grande.

2. ¿Qué hace que Plutón sea similar a los ocho planetas?

- (A) Está lejos.
- (B) Hace frío allí.
- (C) Orbita alrededor del Sol.
- (D) Es muy pequeño.

3. ¿Cuál es un sustantivo propio?

- (A) planetas
- (B) Plutón
- (C) hoy
- (D) allí

4. ¿Qué significa *orbitar*?

- (A) bloquear
- (B) girar alrededor
- (C) cubrir
- (D) encoger

PUNTAJE

1. ☺ ☹
2. ☺ ☹
3. ☺ ☹
4. ☺ ☹

____ / 4 Total

NOMBRE:____________________ **FECHA:**______________

En la estación espacial

La Estación Espacial Internacional es como una ciudad en el espacio. Personas de dieciséis países diferentes ayudaron a construirla. Los astronautas viven allí. Estudian el espacio. Quieren saber cómo los seres humanos pueden vivir lejos de la Tierra.

Una tripulación permanece en la estación espacial todo el tiempo. La tripulación rota. Hasta seis personas pueden estar allí a la vez. Esto da a muchos astronautas una oportunidad de visita.

Los miembros de la tripulación comen allí. No tienen refrigerador y hay solo un calentador de alimentos para latas. Los astronautas solían comer solo alimentos deshidratados en frío. Añadían agua y comían. Ahora, sus comidas se parecen más a lo que comemos en la Tierra. Mantienen la comida en una bandeja especial que evita que la comida salga flotando.

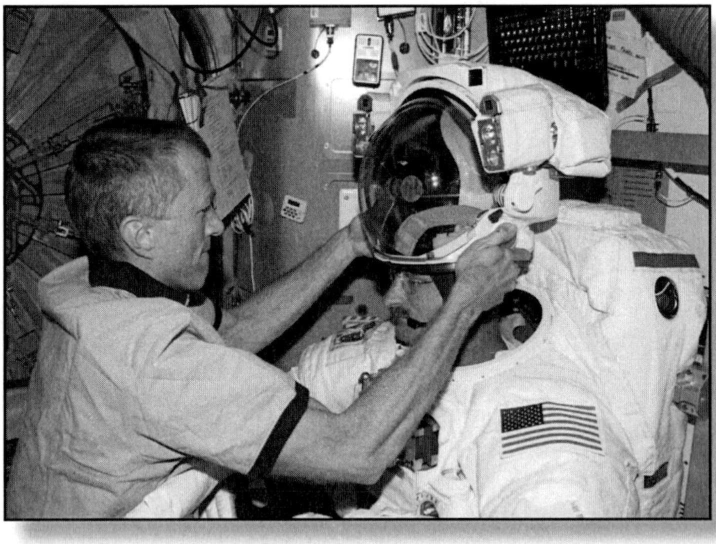

astronautas en la Estación Espacial Internacional

Los astronautas necesitan mantenerse sanos en la estación espacial. Trabajan duro mientras están allá arriba. El descanso es muy importante. Los miembros de la tripulación tienen un lugar privado para dormir. El ejercicio también es importante. Los músculos y los huesos se debilitan en el espacio. Los astronautas tienen que mantenerse en forma. Pueden usar equipos para asegurarse de que el cuerpo permanece sano.

¡La vida en la estación espacial sin duda es interesante!

NOMBRE:____________________ **FECHA:**______________

INSTRUCCIONES Lee "En la estación espacial" y luego responde las preguntas.

1. ¿Qué es similar a la vida que se explica en el texto?

- (A) mudarse a una casa nueva
- (B) acostumbrarse a comer alimentos con agua
- (C) acostumbrarse a vivir en un país nuevo
- (D) mirar las estrellas en el cielo de la noche

2. ¿Cómo se llama a un grupo de astronautas?

- (A) una tripa
- (B) una tripulación
- (C) un tripulante
- (D) un trípode

3. ¿Qué definición de *forma* se usa en el cuarto párrafo?

- (A) apropiado
- (B) rabieta
- (C) tamaño correcto
- (D) fuerte y sano

4. ¿Qué tema **no** está cubierto sobre la vida en la estación espacial?

- (A) dormir en la estación espacial
- (B) ejercitar en la estación espacial
- (C) comer en la estación espacial
- (D) quehaceres en la estación espacial

5. ¿Cuál es el mejor resumen del texto?

- (A) La estación espacial es como una ciudad en el espacio y los astronautas trabajan duro para aprender sobre la vida allí.
- (B) La estación espacial fue construida por personas de todo el mundo.
- (C) Los astronautas pueden comer comida común en la estación espacial.
- (D) Los astronautas deben hacer ejercicio.

PUNTAJE

1. ☺ 😐
2. ☺ 😐
3. ☺ 😐
4. ☺ 😐
5. ☺ 😐

____ / 5
Total

NOMBRE:______________________ **FECHA:**______________

PUNTAJE

___ / 4

Vuelve a leer el texto "En la estación espacial".

Piensa en qué te parece la vida en la estación espacial.

Escribe sobre si desearías vivir en la estación espacial. Explica por qué sí o por qué no.

NOMBRE: ______________________ **FECHA:** ________________

INSTRUCCIONES Lee el texto y luego responde las preguntas.

PUNTAJE

1. ☺ 😐
2. ☺ 😐
3. ☺ 😐
4. ☺ 😐

____ / 4 Total

El trol bajo el puente era aterrador. Los animales no querían cruzar porque tenían miedo. El trol siempre decía que podía comerse a cualquiera. Un día, un valiente carnero cruzó el puente. Se sorprendió mucho cuando no sucedió nada. Luego, escuchó un llanto que venía desde abajo. El trol estaba triste. Se sentía solo y quería hacer algunos amigos. Había cambiado de costumbres y no quería asustar a otros nunca más.

1. ¿Cuál es la idea principal?

Ⓐ El puente es aterrador.
Ⓑ Un valiente carnero descubre que el trol está triste.
Ⓒ El trol asusta a todos.
Ⓓ El trol llora.

2. ¿Qué lección nos enseña este texto?

Ⓐ No debemos cruzar puentes.
Ⓑ No siempre sabes lo que otra persona siente.
Ⓒ Los troles siempre son perversos.
Ⓓ Alguien que llora debe estar bastante triste.

3. ¿Cuál es la palabra compuesta en el texto?

Ⓐ cruzó
Ⓑ otros
Ⓒ cambiado
Ⓓ cualquiera

4. ¿Qué significa la palabra *costumbres* en la última oración?

Ⓐ distancia
Ⓑ dirección
Ⓒ comportamiento
Ⓓ voz

NOMBRE:____________________ **FECHA:**______________

INSTRUCCIONES Lee el texto y luego responde las preguntas.

PUNTAJE

1. ☺ 😐
2. ☺ 😐
3. ☺ 😐
4. ☺ 😐

____ / 4
Total

—Puaj! —gritó la princesa—. ¿Quién besaría a un sapo? Son los animales más repugnantes. Ni siquiera me acercaría a uno.

—Bueno, eso no es muy amable —dijo el sapo—. Hubiera esperado que fueras más cordial. En verdad soy una criatura linda. Definitivamente no soy tan asqueroso como piensas. Has hecho que me sienta mal.

1. ¿Cuántos personajes hay en el texto?

Ⓐ un personaje
Ⓑ dos personajes
Ⓒ tres personajes
Ⓓ cuatro personajes

2. ¿Qué opina un personaje del otro?

Ⓐ La princesa está enojada y el sapo está triste.
Ⓑ La princesa está confundida y el sapo es arrogante.
Ⓒ La princesa y el sapo sienten repulsión entre sí.
Ⓓ La princesa siente repulsión y el sapo está enojado.

3. ¿Cuál es el sufijo en *definitivamente*?

Ⓐ *de–*
Ⓑ *–mente*
Ⓒ *–finitivamente*
Ⓓ definir

4. ¿Qué significa la palabra *cordial* en el texto?

Ⓐ tranquilos
Ⓑ honesta
Ⓒ amigable
Ⓓ asustada

NOMBRE: ____________________ **FECHA:** ______________

INSTRUCCIONES Lee el texto y luego responde las preguntas.

PUNTAJE

1. ☺ 😐
2. ☺ 😐
3. ☺ 😐
4. ☺ 😐

____ / 4
Total

Los caballos comenzaron a sentirse nerviosos. El reloj estaba a punto de dar la medianoche. Sabían qué había ocurrido antes. El reloj da la hora. Entonces, la noche termina. Los caballos vuelven a ser los ratones pequeños que eran antes. No hay más carruajes de gran categoría para jalar. No hay más fiestas elegantes para visitar.

1. ¿A qué cuento de hadas se parece el texto?

- (A) Jack y las habichuelas mágicas
- (B) Cenicienta
- (C) Blancanieves y los siete enanitos
- (D) El enano saltarín

2. ¿Por qué se sienten nerviosos los caballos?

- (A) Saben que la fiesta de máscaras está a punto de comenzar.
- (B) Saben que se volverán a convertir en ratones.
- (C) Saben que el carruaje está a punto de chocar.
- (D) Saben que están a punto de convertirse en unicornios.

3. ¿Cuál tiene el mismo lexema que *ocurrido*?

- (A) aburrido
- (B) feliz
- (C) recorrido
- (D) ocurrencia

4. ¿Qué significa que un reloj *dé la medianoche*?

- (A) hace sonar una alarma
- (B) se apaga cuando es medianoche
- (C) suena cuando es medianoche
- (D) vuelve a encenderse a medianoche

NOMBRE:________________________ **FECHA:**________________

Había una vez

Había una vez un duende que empezó un viaje muy especial. Trataba de llegar al castillo del rey porque tenía un regalo importante que llevar a la reina.

Había un problema. Nadie confiaba en el duende porque era travieso y molesto. Le hacía bromas a la gente todo el tiempo, así que nadie sabía cuándo confiar en él.

Cuando llegó a las puertas del castillo, los guardias trataron de evitar que el duende entrara. El duende usó su magia para pasar a través de ellos. El rey y la reina estaban bastante sorprendidos de ver venir al duende hacia su sala de estar.

—¿Qué estás haciendo aquí? —exigió el rey.

—Tengo algo para la reina. Lo encontré en el bosque —respondió el duende.

—¿Es este otro de tus trucos? —preguntó la reina.

—No, no lo es. Cuando lo encontré, supe que debía devolverlo a Su Majestad.

El duende abrió su cartera y sacó una hermosa corona. Le pertenecía a la reina. La había perdido en uno de sus viajes por el reino. No podía creerlo. ¿Por qué este travieso duende haría una cosa tan buena?

—Sabía que era suya y sabía que la querría de vuelta. Puede que haga bromas a las personas, pero no soy un ladrón.

A partir de ese día, las personas del reino comenzaron a ver al duende de una manera diferente. El rey y la reina estuvieron eternamente agradecidos con él. Sabían que era un buen duende en el que se podía confiar.

NOMBRE:____________________ **FECHA:**______________

INSTRUCCIONES Lee "Había una vez" y luego responde las preguntas.

1. ¿Cuál tiene conexión con el texto?

(A) Caminé hasta el jardín para recoger una flor para mi amiga.

(B) Vi una película con duendes.

(C) Encontré el collar favorito de mi hermana y se lo devolví.

(D) Simulo hacer magia con mis mejores amigos.

2. ¿Qué devuelve el duende?

(A) una corona

(B) una coraza

(C) un corcel

(D) un cordón

3. ¿Cuál **no** es otra palabra para *cartera*?

(A) bolso

(B) monedero

(C) caballo

(D) morral

4. ¿Cómo cambia la opinión que tiene la reina del duende?

(A) Ella desconfiaba de él; luego, lo apreció.

(B) A ella le agradaba él; luego, se enojó con él.

(C) Ella desconfiaba de él; luego, desconfió más.

(D) Ella lo odiaba; luego, desconfió de él.

5. ¿Qué título es el mejor resumen del texto?

(A) Un misterio en el bosque

(B) Tonterías en el castillo

(C) Unos pocos caballeros perversos

(D) Un duende cambiante

PUNTAJE

1. ☺ 😐
2. ☺ 😐
3. ☺ 😐
4. ☺ 😐
5. ☺ 😐

____ / 5

Total

NOMBRE:____________________ **FECHA:**________________

PUNTAJE

___/ 4

Vuelve a leer el texto "Había una vez".

Piensa en cómo cambiaron las opiniones de las personas acerca del duende en el texto.

Escribe sobre una vez en que cambiaste de opinión sobre algo o alguien.

NOMBRE:____________________ **FECHA:**_______________

INSTRUCCIONES Lee el texto y luego responde las preguntas.

Un terremoto sacude la tierra. La tierra que está mucho más abajo de nuestros pies se mueve. Los terremotos pueden ser un zarandeo rápido. Pueden ser un movimiento ondulatorio. Pueden durar un segundo o más tiempo. Los terremotos sorprenden a las personas cuando ocurren. Es importante mantenerse tranquilos e ir a un lugar seguro.

1. ¿De qué se trata principalmente este texto?

Ⓐ sacudidas
Ⓑ terremotos
Ⓒ movimientos ondulatorios
Ⓓ mantenerse tranquilos

2. ¿Cuánto dura un terremoto?

Ⓐ un segundo
Ⓑ muchos segundos
Ⓒ varía
Ⓓ un minuto

3. ¿Qué palabra tiene el mismo sufijo que *ondulatorio*?

Ⓐ onda
Ⓑ ondulante
Ⓒ observatorio
Ⓓ anillo

4. ¿Cuáles palabras tienen un significado similar?

Ⓐ *tranquilo y rápido*
Ⓑ *zarandear y sacudir*
Ⓒ *sorpresa y movimiento*
Ⓓ *lugar y seguro*

PUNTAJE

1. ☺ 😐
2. ☺ 😐
3. ☺ 😐
4. ☺ 😐

____ / 4
Total

NOMBRE:________________________ **FECHA:**________________

INSTRUCCIONES Lee el texto y luego responde las preguntas.

PUNTAJE

1. ☺ 😐
2. ☺ 😐
3. ☺ 😐
4. ☺ 😐

____ / 4
Total

Los científicos tratan de aprender de las tormentas. Recogen datos. Quieren poder predecir cuándo va a ocurrir una tormenta. Un huracán es un ejemplo. Los científicos estudian patrones del viento. Miran cómo cambia una tormenta. Observan los niveles de lluvia. Quieren dar a las personas suficiente tiempo para llegar a un lugar seguro.

1. ¿Cuál es la idea principal?

(A) Los científicos estudian y observan tormentas.
(B) Los científicos recogen datos sobre tormentas.
(C) Los científicos miran los niveles de lluvia.
(D) Los científicos aprenden de las tormentas para poder advertir a las personas.

2. ¿Por qué los científicos quieren predecir las tormentas?

(A) para dar datos precisos a las personas
(B) para dar a las personas tiempo para llegar a un lugar seguro
(C) para saber cuándo obtener las mejores lecturas
(D) para saber hacia dónde se dirige la tormenta

3. ¿Qué sufijo podría añadirse a la raíz *ven*?

(A) *–er*
(B) *–aba*
(C) *–ir*
(D) *–ión*

4. ¿Qué intentan *predecir* las personas a menudo?

(A) la dirección en que girará un automóvil
(B) qué ocurre después en un libro
(C) qué se sirve para la cena
(D) cómo será una fiesta de cumpleaños

NOMBRE:________________________ **FECHA:**________________

INSTRUCCIONES Lee el texto y luego responde las preguntas.

Es importante prepararse para los desastres. Piensa en el lugar donde vives. ¿Qué sucede allí? ¿Ves tornados? ¿Son comunes los huracanes? ¿Hay riesgo de un terremoto? Prepárate para lo que podrías enfrentar algún día. Mejor prevenir que curar.

1. ¿Qué palabra resume la idea principal?

- (A) tornados
- (B) riesgo
- (C) preparar
- (D) seguro

2. ¿Qué recomienda el texto?

- (A) Prepárate para un tornado.
- (B) Prepárate para un huracán.
- (C) Prepárate para los desastres naturales que sean más comunes en tu área.
- (D) Prepárate para un terremoto.

3. ¿Qué sufijo **no** funciona con la raíz *prepar*?

- (A) *–ado*
- (B) *–ando*
- (C) *–mente*
- (D) *–as*

4. ¿De qué otra manera puedes decir *Mejor prevenir que curar*?

- (A) Es mejor estar seguro y decir lo siento.
- (B) Permanece seguro en un desastre abandonando tu hogar.
- (C) Usa una caja fuerte así no te roban las cosas.
- (D) Es mejor prepararse y estar listo, que no hacerlo y lamentarse.

PUNTAJE

1. ☺ 😐
2. ☺ 😐
3. ☺ 😐
4. ☺ 😐

____ / 4
Total

NOMBRE:_________________________ FECHA:_______________

Desastres naturales

edificio después de un desastre natural

Un desastre natural a menudo es un evento repentino. Generalmente es intenso. Tiene resultados extremos. Es causado por factores naturales. Puede comenzar con lluvia o vientos fuertes. Un volcán erupciona. La Tierra se sacude. Un tsunami golpea la costa. Estos son todos desastres naturales.

Los desastres naturales pueden ocurrir en cualquier lugar. Pueden ocurrir en cualquier momento. Algunas áreas son propensas a grandes tormentas. Otras áreas tienen tornados. Los tsunamis son una preocupación para las personas que viven junto al océano. Todo depende de dónde vives.

Los desastres son aterradores. A menudo lastiman o matan a personas. Pueden causar mucho daño. Los edificios se pueden destruir. Pueblos completos pueden arruinarse.

Una manera de manejar los desastres es planear con anticipación. La planificación puede mantenernos seguros. También nos da tranquilidad. Sabemos que estamos listos. Otras personas nos ayudan a prepararnos. Algunas áreas tienen advertencias. Dicen a las personas que deben evacuarse e ir a un lugar seguro. Permiten que las personas sepan cuando se avecina un gran desastre. Otros desastres ocurren demasiado rápido. Un terremoto puede sorprenderte. No hay advertencias. Un kit para terremotos puede servirte de ayuda después del hecho.

¿Dónde vives? ¿Qué ocurre en tu pueblo o ciudad? Anticípate. Averigua lo que necesitas. Haz un plan con tu familia. ¡Prepárate! Es lo mejor que puedes hacer.

NOMBRE:____________________ **FECHA:**______________

INSTRUCCIONES Lee "Desastres naturales" y luego responde las preguntas.

1. ¿Quién puede identificarse con el texto?

- (A) una maestra que lee sobre tsunamis
- (B) una mamá que sigue el pronóstico del tiempo
- (C) un niño al que le gusta mirar tormentas
- (D) una niña que ha sobrevivido a un huracán al evacuarse

2. Antes de que ocurra un desastre natural,

- (A) plane con anticipación.
- (B) planea con anticipación.
- (C) pan con anticipación.
- (D) plotea con anticipación.

3. ¿Qué significa la palabra *propensas*?

- (A) ocurrirán ahí
- (B) posiblemente ocurran ahí
- (C) no ocurrirán ahí
- (D) no pueden ocurrir ahí

4. ¿Cuál es la idea principal de este texto?

- (A) predicción de desastres
- (B) reporte de desastres
- (C) preparación para desastres
- (D) advertencias ante desastres

5. ¿Cuál es el mejor resumen del texto?

- (A) Los huracanes ocurren solo en ciertos lugares.
- (B) Prepararse para un tornado lleva mucho tiempo.
- (C) Prepararse para un desastre natural es algo inteligente.
- (D) Las personas que viven lejos de la costa no necesitan preocuparse por los tsunamis.

PUNTAJE

1. ☺ 😐
2. ☺ 😐
3. ☺ 😐
4. ☺ 😐
5. ☺ 😐

____ / 5 Total

NOMBRE:________________________ **FECHA:**__________________

PUNTAJE

___ / 4

Vuelve a leer el texto "Desastres naturales".

Piensa en tus experiencias con desastres naturales.

Escribe sobre cómo estás preparado para un desastre natural.

NOMBRE: ____________________ **FECHA:** ____________

INSTRUCCIONES Lee el texto y luego responde las preguntas.

PUNTAJE

1. ☺ 😐
2. ☺ 😐
3. ☺ 😐
4. ☺ 😐

____ / 4 Total

Paul esperaba ansioso el momento de la lectura. Su maestra había estado leyendo fábulas. A Paul le encantaban. Eran historias ficticias. Los personajes podían ser como seres humanos. Podían ser animales o plantas. Podían ser objetos o criaturas de mentira. Cada fábula enseñaba una lección o una moraleja. Paul pensaba mucho sobre la moraleja de cada fábula.

1. ¿Qué hace interesante a los personajes de las fábulas?

- (A) Tienen que ser animales que hablan.
- (B) Pueden ser de fantasía, pero pueden actuar como personas.
- (C) Las plantas y los animales no se llevan bien.
- (D) No son de ficción.

2. ¿Qué es lo que el texto **no** dice sobre las fábulas?

- (A) Tienen una moraleja.
- (B) Son historias ficticias.
- (C) Tienen criaturas de fantasía con características de seres humanos.
- (D) Se han exagerado con el tiempo.

3. ¿Cuántas sílabas hay en la palabra *personaje*?

- (A) tres sílabas
- (B) dos sílabas
- (C) cuatro sílabas
- (D) cinco sílabas

4. ¿Cuál es otra palabra para *moraleja*?

- (A) problema
- (B) personaje
- (C) lección
- (D) final

NOMBRE:________________________ **FECHA:**________________

INSTRUCCIONES Lee el texto y luego responde las preguntas.

PUNTAJE

1. ☺ 😐
2. ☺ 😐
3. ☺ 😐
4. ☺ 😐

____ / 4
Total

Emma y Parker corrían en la pista. Emma corría tan rápido que pronto se quedó sin energía. Parker tomó su tiempo y trotó lentamente. Continuó. Corrió más lejos que Emma. Emma dijo: "¡Somos como la tortuga y la liebre!". Eso hizo reír mucho a Parker.

1. ¿Quién corre más lejos en la pista?

Ⓐ Parker
Ⓑ Emma
Ⓒ Empataron.
Ⓓ Ambos se detuvieron.

2. ¿Cómo se compara la carrera de Emma con la de Parker?

Ⓐ Parker corrió más rápido, mientras que Emma trotó más lento.
Ⓑ Emma corrió más rápido y ganó la carrera.
Ⓒ Emma corrió más rápido, pero Parker corrió más lejos.
Ⓓ Parker corrió más rápido, pero Emma corrió más lejos.

3. ¿Cómo se divide la palabra *corrían* en sílabas?

Ⓐ corr-ían
Ⓑ co-rrían
Ⓒ corría-n
Ⓓ co-rrí-an

4. ¿De qué está hablando Emma cuando dice que se parecen a *la tortuga y la liebre*?

Ⓐ un programa de televisión
Ⓑ dos animales de peluche
Ⓒ una fábula
Ⓓ una canción

NOMBRE:_______________________ **FECHA:**_______________

INSTRUCCIONES Lee el texto y luego responde las preguntas.

PUNTAJE

A Jesse le encantaba saltar en su cama, pero esto siempre hacía que su mamá se preocupara porque podía lastimarse. Le dijo que no saltara en la cama, pero él lo hizo de todos modos. Un día, Jesse perdió el equilibrio, se cayó de la cama y se golpeó la cabeza. Le tuvieron que hacer puntos. Su mamá estaba muy molesta. Esperaba que hubiera aprendido una lección.

1. ¿Qué pasa después de que Jesee pierde el equilibrio?

(A) Se cae de la cama.
(B) Le hacen puntos.
(C) Su mamá está enfadada.
(D) Salta en la cama otra vez.

2. ¿De qué trata en general el texto?

(A) Jesse no hace caso a su mamá y se lastima.
(B) A Jesse le hacen puntos.
(C) Jesse discute con su mamá.
(D) Jesse se cae.

3. ¿Qué palabra tiene dos sílabas?

(A) saltar
(B) equilibrio
(C) molesta
(D) cabeza

4. ¿Cuáles dos palabras tienen un significado similar?

(A) *preocupar* y *saltar*
(B) *esperar* y *amar*
(C) *molesta* y *preocupada*
(D) *perder* y *caer*

1. ☺ ☹
2. ☺ ☹
3. ☺ ☹
4. ☺ ☹

____ / 4
Total

NOMBRE:____________________________ **FECHA:**____________________

La hormiga y el saltamontes

Un día de verano en un campo, un saltamontes daba saltitos por ahí. Cantaba y gorgeaba. Una hormiga pasó delante de él. Estaba tratando de levantar una mazorca de maíz que llevaba al hormiguero.

El saltamontes invitó a la hormiga a sentarse y a hablar con él. Quería un compañero de canto. Pero la hormiga se negó, y dijo:

—Estoy recolectando alimento para el invierno. Luego la hormiga le preguntó al saltamontes:

—¿Por qué no haces lo mismo?

—¡Ay, querida! ¿Por qué preocuparse por el invierno? —dijo el saltamontes—. Tenemos suficiente alimento justo ahora.

Así que la hormiga siguió su camino y continuó trabajando duro. Pronto el clima se tornó frío. Todo el alimento que estaba en el campo quedó cubierto de nieve. Ni siquiera el saltamontes podía cavar en ella. El saltamontes se dio cuenta de que estaba muriendo de hambre. Vio a las hormigas repartiendo el maíz y los granos que habían recolectado. Les rogó que le dieran algo para comer.

—¿Cómo? ¿No has recolectado nada para el invierno? ¿Qué estuviste haciendo todo el verano? —preguntaron las hormigas.

—Estaba muy ocupado haciendo música. Antes de que lo supiera, el verano se había acabado —se quejó el saltamontes.

Las hormigas sacudieron la cabeza. Le dieron la espalda al saltamontes. Luego, siguieron con su trabajo.

La moraleja es: Hay un tiempo para el trabajo y un tiempo para el juego.

NOMBRE: ____________________ **FECHA:** ______________

INSTRUCCIONES Lee "La hormiga y el saltamontes" y luego responde las preguntas.

1. ¿Quién puede identificarse con el texto?

(A) una persona que detesta la nieve

(B) una persona a la que le gusta cantar

(C) una persona que molesta a personas más pequeñas

(D) una persona a la que le gusta dejar sus tareas para después

2. ¿Qué tiene el alimento cuando el clima se vuelve frío?

(A) nueces

(B) dientes

(C) nieve

(D) peces

3. ¿Qué definición de *mazorca* se usa en el texto?

(A) talento

(B) parte del cuerpo

(C) escuchar

(D) parte de una planta de maíz

4. ¿Cuál es el error del saltamontes?

(A) Le encanta cantar.

(B) Es malo con las hormigas.

(C) No se prepara con anticipación.

(D) Odia el verano.

5. ¿Qué aprende el saltamontes?

(A) que la música puede distraerte

(B) que las hormigas no son muy solidarias

(C) que en invierno hace frío

(D) que jugar mucho tiempo y dejar de lado el trabajo es una mala idea

PUNTAJE

1. ☺ 😐
2. ☺ 😐
3. ☺ 😐
4. ☺ 😐
5. ☺ 😐

____ / 5
Total

NOMBRE:____________________ **FECHA:**______________

PUNTAJE

___ / 4

Vuelve a leer el texto "La hormiga y el saltamontes".

Piensa en cómo las hormigas tratan al saltamontes.

Escribe sobre qué piensas que pasaría si las hormigas le dieran al saltamontes algo de alimento en el invierno. Continúa la historia en las siguientes líneas, y escribe un nuevo final.

NOMBRE:______________________ **FECHA:**______________

INSTRUCCIONES Lee el texto y luego responde las preguntas.

PUNTAJE

1. ☺ 😐

2. ☺ 😐

3. ☺ 😐

4. ☺ 😐

____ / 4
Total

Las plantas y los animales necesitan agua para sobrevivir. En algunos lugares, llueve mucho. En otros lugares, el clima es muy seco. Una *sequía* es un largo período de clima seco que puede ser perjudicial para las personas. Si las plantas no pueden crecer, no se produce alimento. Las sequías pueden durar meses o años.

1. ¿Qué enunciado sobre el agua es verdadero?

Ⓐ Las plantas y los animales necesitan agua.

Ⓑ Las personas necesitan menos agua que las plantas.

Ⓒ Demasiada agua puede causar una sequía.

Ⓓ El agua no es necesaria para que las plantas crezcan.

2. ¿Qué pasa si las plantas no crecen?

Ⓐ Una sequía se vuelve peor.

Ⓑ El clima se volverá más seco.

Ⓒ No se produce alimento.

Ⓓ La sequía terminará.

3. ¿Cuál es la raíz en *perjudicial*?

Ⓐ per

Ⓑ judi

Ⓒ cial

Ⓓ perju

4. ¿Qué palabra significa casi lo mismo que *clima*?

Ⓐ sobrevivir

Ⓑ planta

Ⓒ tiempo

Ⓓ agua

NOMBRE:____________________ **FECHA:**________________

INSTRUCCIONES Lee el texto y luego responde las preguntas.

PUNTAJE

1. ☺ 😐
2. ☺ 😐
3. ☺ 😐
4. ☺ 😐

____ / 4 Total

El agua es única. Tiene propiedades especiales. El agua puede ser un sólido, un líquido o un gas. Ninguna otra sustancia puede hacer eso. El agua se puede congelar. Congelarla transforma el agua en hielo. El hielo se puede derretir. Esto transforma el agua otra vez en un líquido. Luego el agua se puede calentar. Se convierte en un gas.

1. ¿Cuál es la idea principal?

Ⓐ El agua se convierte en un gas cuando se calienta.

Ⓑ El agua se convierte en un líquido cuando se derrite.

Ⓒ El agua es única porque puede ser un sólido, un líquido o un gas.

Ⓓ El hielo es agua en estado sólido.

2. ¿Qué pasa cuando el agua se congela?

Ⓐ Se transforma en hielo.

Ⓑ Se transforma en un gas.

Ⓒ Se vuelve única.

Ⓓ Se transforma en un líquido.

3. ¿Cuáles palabras riman?

Ⓐ *derretir* y *gas*

Ⓑ *congelar* y *calentar*

Ⓒ *única* y *líquido*

Ⓓ *cambiar* y *agua*

4. ¿Qué sabes sobre el significado de la palabra *única* al leer este texto?

Ⓐ Se trata de calentar y congelar algo.

Ⓑ Describe un líquido.

Ⓒ Describe algo relacionado con el agua.

Ⓓ Describe algo que es inimitable.

NOMBRE:_________________________ **FECHA:**_______________

INSTRUCCIONES Lee el texto y luego responde las preguntas.

Grandes trozos de hielo se están derritiendo en la Tierra justo ahora. Estos se llaman *capas de hielo*. Son como montañas de hielo. El hielo derretido causa muchos problemas. Aumenta los niveles de agua en los océanos. Los niveles de agua más altos causan inundaciones. ¿Por qué las capas de hielo se están derritiendo? Porque el planeta se vuelve más cálido cada año.

1. ¿Qué causa que las capas de hielo se derritan?

- (A) Los niveles del océano están en aumento.
- (B) El planeta se vuelve más cálido.
- (C) inundaciones
- (D) Las montañas de hielo se están congelando.

2. ¿Qué son las capas de hielo?

- (A) inundaciones
- (B) océanos congelados
- (C) montañas de hielo
- (D) cubos de hielo

3. ¿Qué sufijo se le podría agregar a la raíz *derretir*?

- (A) *–er*
- (B) *–ción*
- (C) *–se*
- (D) *–ndo*

4. ¿Cuál de los siguientes podría causar una *inundación*?

- (A) niveles altos de agua
- (B) una sequía
- (C) un terremoto
- (D) la luna llena

PUNTAJE

1. ☺ ☹
2. ☺ ☹
3. ☺ ☹
4. ☺ ☹

____ / 4
Total

NOMBRE:_______________________ **FECHA:**_______________

El ciclo del agua

Hay una cantidad limitada de agua en la Tierra. No se fabrica agua nueva en ningún lugar. Mas bien, el agua se recicla una y otra vez. El agua de un lago viene de la lluvia presente en una nube. Esa nube está compuesta por agua que vino de ese lago. Este proceso se llama el *ciclo del agua*.

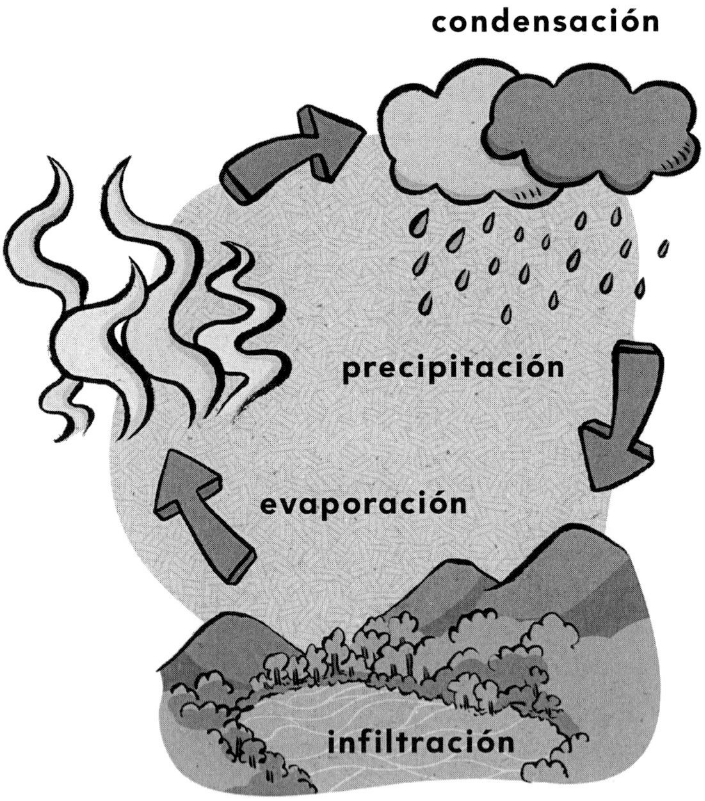

El ciclo del agua tiene cuatro etapas. Primero, el agua cae del cielo. Esto se llama *precipitación*. Puede ser lluvia o granizo. También podría ser nieve o aguanieve. El agua proviene de las nubes. Cae al suelo y se junta en charcos. También se junta en océanos, lagos y ríos. Esto se llama *infiltración*.

Luego el sol calienta el agua en los océanos, lagos y ríos. Transforma el agua en un gas. El *vapor*, o gas, se libera en el aire. Esto se llama *evaporación*.

Cuando el agua se libera en el aire, se enfría. Por último, el agua se transforma de nuevo en nubes. Esto se llama *condensación*. Las nubes juntan más y más agua. Se vuelven pesadas. ¿Qué sucede después? ¡Llueve! El ciclo del agua comienza otra vez.

NOMBRE:________________________ **FECHA:**________________

INSTRUCCIONES Lee "El ciclo del agua" y luego responde las preguntas.

1. ¿Cuál **no** es un ejemplo del mundo real del ciclo del agua?

- (A) el sol del verano calienta un lago
- (B) la nieve se derrite
- (C) beber un vaso de agua
- (D) nubes a punto de estallar en lluvia

2. El agua que se junta en la tierra y en los océanos y lagos se llama

- (A) exportación.
- (B) conexión.
- (C) infiltración.
- (D) corrección.

3. ¿Cómo se llama la forma gaseosa del agua?

- (A) vapor
- (B) granizo
- (C) aguanieve
- (D) nieve

4. ¿Cuál es el orden correcto del ciclo del agua?

- (A) precipitación, infiltración, evaporación, condensación
- (B) infiltración, precipitación, condensación, evaporación
- (C) precipitación, evaporación, condensación, infiltración
- (D) condensación, precipitación, evaporación, infiltración

5. ¿Cuál es la idea principal?

- (A) El agua puede caer en forma de lluvia, nieve, aguanieve o granizo.
- (B) El agua se recicla una y otra vez.
- (C) Hay menos agua en la Tierra ahora que lo que había 100 años atrás.
- (D) No es seguro beber agua de un lago u océano.

PUNTAJE

1. ☺ 😐
2. ☺ 😐
3. ☺ 😐
4. ☺ 😐
5. ☺ 😐

____ / 5
Total

NOMBRE:____________________ **FECHA:**________________

PUNTAJE

___ / 4

Vuelve a leer el texto "El ciclo del agua".

Piensa en cómo el ciclo del agua es un proceso que sigue un determinado orden.

Escribe sobre el ciclo del agua y descríbelo para alguien que está aprendiendo este proceso por primera vez. Explícalo en el orden correcto.

NOMBRE: ____________________ **FECHA:** ____________

INSTRUCCIONES Lee el texto y luego responde las preguntas.

PUNTAJE

La música seguía sonando. Los jugadores caminaban en un círculo. Cada persona intentaba encontrar una silla cuando la música se detenía. Con cada ronda, una de las sillas desaparecía. Eso significaba que alguien siempre se quedaba sin un lugar donde sentarse. ¡Mejor moverse rápido! ¡La música podría detenerse en cualquier momento!

1. ¿Qué pasa en cada ronda?

- (A) Las sillas se mueven.
- (B) La música se acelera.
- (C) Se saca una silla.
- (D) Las sillas se dan vuelta.

2. ¿De qué trata en general el texto?

- (A) un juego
- (B) ejercicio
- (C) una clase de música
- (D) una lección

3. ¿Cuántas sílabas tiene la palabra *lugar*?

- (A) una sílaba
- (B) dos sílabas
- (C) tres sílabas
- (D) cuatro sílabas

4. ¿Qué significado de la palabra *ronda* se usa en el texto?

- (A) redondo
- (B) completo
- (C) circular
- (D) etapa de un juego

1. ☺ ☹
2. ☺ ☹
3. ☺ ☹
4. ☺ ☹

____ / 4
Total

NOMBRE:____________________ **FECHA:**________________

INSTRUCCIONES Lee el texto y luego responde las preguntas.

PUNTAJE

1. ☺ 😐

2. ☺ 😐

3. ☺ 😐

4. ☺ 😐

____ / 4
Total

Suki creía que los pasatiempos eran divertidos. Podía probar algo nuevo en cualquier momento. La ayudaba a saber lo que le gustaba. El arte y el fútbol eran sus favoritos. No le gustaban las lecciones de piano. Coleccionar estampillas era aburrido. Le interesaban las artes marciales. Tal vez debía tomar una clase. Luego podría decidir si le había gustado.

1. ¿Por qué cree Suki que los pasatiempos son divertidos?

- (A) Porque solo disfruta del arte y del fútbol
- (B) Porque puede probar cosas nuevas para ver qué le gusta
- (C) Porque se aburre en la escuela
- (D) Porque nunca cambias tus pasatiempos

2. ¿De qué trata en general el texto?

- (A) pasatiempos
- (B) coleccionar estampillas
- (C) tomar clases
- (D) lecciones

3. ¿Cómo se dividiría la palabra *interesa* en sílabas?

- (A) inte-resa
- (B) in-te-resa
- (C) int-ere-sa
- (D) in-te-re-sa

4. ¿Cuál es un ejemplo de *artes marciales*?

- (A) pintura
- (B) karate
- (C) cerámica
- (D) marcha

NOMBRE:______________________ **FECHA:**________________

INSTRUCCIONES Lee el texto y luego responde las preguntas.

PUNTAJE

¡Las vacaciones de verano finalmente habían llegado! Había días interminables para jugar, estar afuera y divertirse en el sol. Los días eran largos. No había tarea para hacer ni campanas que seguir. La primera semana fue perfecta. Pero la segunda semana fue difícil. ¿Qué había para hacer? ¡Era tiempo de encontrar una nueva actividad para disfrutar!

1. ¿Qué pasa durante la segunda semana del verano?

- (A) El narrador está cansado.
- (B) El narrador se aburre.
- (C) El narrador va a nadar.
- (D) El narrador tiene tarea.

2. ¿Qué te dice el texto sobre el verano?

- (A) Pasa rápido.
- (B) Es tiempo libre sin horarios escolares.
- (C) Es para no hacer nada.
- (D) Es cálido.

3. ¿Cuántas sílabas tiene la palabra *actividad*?

- (A) dos sílabas
- (B) tres sílabas
- (C) cuatro sílabas
- (D) cinco sílabas

4. ¿Cuáles dos palabras tienen un significado similar?

- (A) *divertirse* y *disfrutar*
- (B) *nuevo* y *afuera*
- (C) *seguir* y *actividad*
- (D) *primera* y *segunda*

1. ☺ ☹
2. ☺ ☹
3. ☺ ☹
4. ☺ ☹

____ / 4
Total

NOMBRE:____________________ **FECHA:**________________

Un nuevo pasatiempo

La banda escolar había enviado a casa una nota para los padres. Estaban buscando nuevos estudiantes que quisieran unirse. El maestro de la banda estaba emocionado porque quería que la banda creciera. Prometió ayudar a los estudiantes que nunca habían tocado antes.

José quería tocar un instrumento. Le había encantado la música toda su vida. Le encantaba cantar y bailar. Sabía un poco sobre leer música. Ahora estaba listo para unirse a la banda.

José estaba indeciso. No podía decidir qué instrumento aprender a tocar. Su hermano tocaba la batería. Su amigo tocaba la tuba. Su vecino tocaba el clarinete. Pensaba que esos instrumentos eran divertidos. ¿Cuál era el indicado para él? José fue a hablar con el Sr. Riley. Estaba nervioso. Esperaba que el Sr. Riley pudiera ayudarlo.

El Sr. Riley le dijo a José que a muchos estudiantes les cuesta elegir un instrumento. Es una gran decisión. Los miembros de la banda pasan mucho tiempo practicando y tocando. Hablaron sobre las cosas buenas y malas de cada opción. La tuba era pesada, pero única. La batería no era fácil de mover, pero era divertido tocarla. El clarinete era un desafío, pero tenía un sonido genial. ¡Al final, José eligió el saxofón! Se unió a la banda. Le encantó cada minuto de aprender música.

NOMBRE:____________________ **FECHA:**______________

INSTRUCCIONES Lee "Un nuevo pasatiempo" y luego responde las preguntas.

1. ¿Quién puede identificarse con el texto?

- (A) un niño al que no le gusta la música
- (B) una persona que quiere elegir un segundo idioma para aprender
- (C) un baterista al que le gusta mirar videos de música
- (D) el dueño de una tienda de música que vende instrumentos

2. ¿A qué se unirá José?

- (A) la bandada
- (B) la bata
- (C) la bandera
- (D) la banda

3. ¿Qué significa la palabra *creciera* en el primer párrafo?

- (A) agrandarse
- (B) hacerse más alto
- (C) cultivar
- (D) criar animales

4. ¿Cuál es el problema?

- (A) A José no le gusta la música.
- (B) José no quiere unirse a la banda.
- (C) José no sabe qué instrumento tocar.
- (D) José no sabía dónde estaba el salón de clases de música.

5. ¿Cuál de estos resume mejor la historia?

- (A) A José le gusta el clarinete, pero decide tocar la tuba.
- (B) José no se pone de acuerdo con el maestro de música y hace lo que él quiere.
- (C) José está nervioso por elegir un instrumento y unirse a la banda, pero lo resuelve y la pasa muy bien.
- (D) La banda de música de la escuela de José corre el riesgo de que la cancelen, y luego él decide unirse.

PUNTAJE

1. ☺ 😐
2. ☺ 😐
3. ☺ 😐
4. ☺ 😐
5. ☺ 😐

____ / 5
Total

NOMBRE:____________________ **FECHA:**________________

PUNTAJE

___ / 4

Vuelve a leer el texto "Un nuevo pasatiempo".

Piensa en cómo José trabaja duro para aprender algo nuevo.

Escribe sobre cuando trabajaste duro para aprender algo nuevo.

NOMBRE:________________________ **FECHA:**________________

INSTRUCCIONES Lee el texto y luego responde las preguntas.

PUNTAJE

El otoño es especial. Es una estación única. Es cuando los festivales de la cosecha ocurren. La época de la cosecha es un momento para reunirse. Las personas disfrutan de la cosecha. Dan gracias por la comida. Se preparan para el largo invierno.

1. Según el texto, ¿qué hace especial al otoño?

- (A) los festivales de la cosecha
- (B) el largo invierno que viene después
- (C) el fin del verano
- (D) el fin del invierno

2. ¿Qué **no** se hace para celebrar la cosecha?

- (A) reunirse
- (B) prepararse para el invierno
- (C) comer toda la cosecha
- (D) dar gracias

3. *Época* es una palabra

- (A) aguda
- (B) grave
- (C) esdrújula
- (D) sobreesdrújula

4. ¿Qué significa *dar gracias*?

- (A) hacer una comida de Día de Acción de Gracias
- (B) celebrar con una gran fiesta
- (C) darle a alguien una carta para decir gracias
- (D) sentirse agradecido

1. ☺ 😐
2. ☺ 😐
3. ☺ 😐
4. ☺ 😐

____ / 4
Total

NOMBRE:_______________________ **FECHA:**_______________

INSTRUCCIONES Lee el texto y luego responde las preguntas.

PUNTAJE

1. ☺ 😐
2. ☺ 😐
3. ☺ 😐
4. ☺ 😐

___ / 4
Total

Los agricultores le prestan mucha atención al clima. Muchos siguen el pronóstico. Están atentos a la lluvia. Saben si va a nevar. Quieren saber sobre tormentas. Las inundaciones y las sequías son las más graves. Pueden arruinar una cosecha completa. La vida de un agricultor siempre se verá afectada por el clima.

1. ¿Cómo se relacionan los agricultores y el clima?

(A) La cosecha de un agricultor siempre queda arruinada por el clima.
(B) La cosecha de un agricultor siempre es determinada por el clima.
(C) La cosecha de un agricultor solo crece con buen clima.
(D) Un agricultor siempre puede predecir el clima.

2. ¿Cuál es el clima más grave al que los agricultores están atentos?

(A) lluvia
(B) inundaciones y sequías
(C) nieve
(D) tormentas

3. ¿Qué sufijo se le puede agregar a la raíz *grave*?

(A) *–dad*
(B) *–ción*
(C) *–ar*
(D) *–ndo*

4. ¿Qué es un *pronóstico* del tiempo?

(A) un informe
(B) una predicción
(C) una prueba
(D) una medida

NOMBRE:__________________________ **FECHA:**__________________

INSTRUCCIONES Lee el texto y luego responde las preguntas.

Las escuelas quieren servir buena comida. Una dieta saludable es importante. Se trata de una buena nutrición. Los comedores ahora tienen más frutas y verduras. No ofrecen comida chatarra. Esto también significa nada de refrescos ni jugos. La mayoría de los padres están felices con esta nueva idea.

1. ¿Por qué las escuelas deberían servir comida saludable?

- (A) porque es más rápida de preparar
- (B) porque cuesta menos
- (C) porque a todos los niños les gustan las frutas y verduras
- (D) porque una buena nutrición es importante para los niños pequeños

2. ¿Qué se considera comida chatarra?

- (A) manzanas
- (B) queso
- (C) refrescos
- (D) leche

3. ¿A qué palabra del texto **no se puede** agregar el sufijo *–s*?

- (A) alimento
- (B) nutrición
- (C) idea
- (D) fruta

4. ¿Qué alimento **no** se consideraría parte de una *dieta saludable*?

- (A) papas fritas
- (B) zanahorias
- (C) sandía
- (D) yogur

PUNTAJE

1. ☺ 😐
2. ☺ 😐
3. ☺ 😐
4. ☺ 😐

____ / 4
Total

NOMBRE:____________________________ **FECHA:**__________________

De la granja a la mesa

El maíz en tu plato no creció en una tienda. Creció en una granja. Un agricultor plantó esa semilla de maíz y la ayudó a crecer. Las mazorcas de maíz fueron recogidas de sus tallos. Es posible que hayan llegado a la tienda en un camión.

Es importante saber de dónde provienen tus alimentos antes de comerlos. Los alimentos que vienen de una granja, un huerto o un rancho por lo general son los más saludables para comer. Las frutas y las verduras son algunos de esos alimentos. La carnes y los productos lácteos son otros ejemplos.

Los agricultores y las personas que trabajan en las granjas te ayudan a obtener los alimentos que necesitas comer. Cuidan de las plantas y los animales. Se ocupan de los cultivos. También ordeñan a las vacas y juntan los huevos de las gallinas. Sin este trabajo, no habría alimentos en las tiendas.

Los camioneros también son parte del proceso. Traen los alimentos nutritivos de la granja a la tienda. Esto quiere decir que no tienes que viajar a la granja tú mismo. De esta forma, puedes ir a una tienda en la ciudad y encontrar lo que necesitas.

Por último, las personas que trabajan en la tienda organizan los alimentos. Los mantienen frescos. Algunos alimentos se mantienen fríos o congelados. Las personas que trabajan en las tiendas se aseguran de que estás comprando alimentos que aún son saludables para comer.

Durante la siguiente comida que realices, piensa de dónde vienen tus alimentos. Imagina quién puede haber recogido ese maíz. Visualiza a la persona que cultivó el trigo para tu pan. ¿Cómo comerías huevos si alguien no hubiera cuidado a las gallinas?

NOMBRE:______________________ **FECHA:**______________

INSTRUCCIONES Lee "De la granja a la mesa" y luego responde las preguntas.

1. ¿Por qué es esto importante para todos los lectores?

(A) Todos los lectores han visitado una granja.
(B) Todos los lectores han ordeñado una vaca.
(C) Todos los lectores pueden pensar de dónde provienen sus alimentos.
(D) Todos los lectores comen alimentos saludables.

2. ¿De dónde viene la mayoría de nuestros alimentos?

(A) una zanja
(B) una farmacia
(C) una franja
(D) una granja

3. ¿Qué proviene de un *huerto*?

(A) leche
(B) pollo
(C) duraznos
(D) cerdo

4. ¿Qué es verdadero sobre los alimentos que vienen de una granja?

(A) Siempre los recogen personas que trabajan en una granja.
(B) Por lo general, son el tipo de alimentos más saludables para comer.
(C) Son rancios al momento de llegar a tu mesa.
(D) Viajan en avión para llegar a la tienda.

5. ¿Qué motiva este texto a hacer al lector?

(A) a trabajar en una granja
(B) a ordeñar una vaca
(C) a pensar en las personas que ayudaron a llevar alimento a su mesa
(D) a visitar un rancho

PUNTAJE

1. ☺ 😐
2. ☺ 😐
3. ☺ 😐
4. ☺ 😐
5. ☺ 😐

____ / 5
Total

NOMBRE:____________________ **FECHA:**________________

PUNTAJE

___ / 4

Vuelve a leer el texto "De la granja a la mesa".

Piensa en un alimento que hayas comido recientemente.

Escribe sobre ese alimento y descríbelo. ¿De dónde vino? ¿Cómo llegó hasta tu mesa?

NOMBRE: ______________________ **FECHA:** ______________

INSTRUCCIONES Lee el texto y luego responde las preguntas.

PUNTAJE

1. ☺ 😐
2. ☺ 😐
3. ☺ 😐
4. ☺ 😐

____ / 4 Total

La maestra de Nina entendió todo mal. También lo hizo el director. Ella no estaba hablando durante el simulacro de incendio. Estaba totalmente en silencio. Siguió las reglas. La maestra de Nina debió haber confundido su voz. Nina pensó que la confundió con Yara. Así que Nina tenía que decir algo. Quería defenderse ella misma.

1. ¿Quién es el personaje principal?

Ⓐ el director

Ⓑ la maestra

Ⓒ Yara

Ⓓ Nina

2. ¿De qué trata en general el texto?

Ⓐ Nina parada al lado de Yara

Ⓑ la maestra de Nina y el director están equivocados

Ⓒ Nina se mete en problemas por algo que no hizo

Ⓓ Nina habla durante el simulacro de incendio

3. ¿Qué sufijo se le podría agregar a la raíz *defender*?

Ⓐ *–oso*

Ⓑ *-ción*

Ⓒ *–ar*

Ⓓ *–se*

4. ¿A qué se refiere el autor cuando dice que Nina quería *defenderse ella misma*?

Ⓐ Nina tiene que caminar sola.

Ⓑ Nina tiene que pelear.

Ⓒ Nina tiene que pararse.

Ⓓ Nina tiene que hablar sobre lo que pasó en realidad.

NOMBRE:____________________ **FECHA:**____________

INSTRUCCIONES Lee el texto y luego responde las preguntas.

PUNTAJE

1. ☺😐
2. ☺😐
3. ☺😐
4. ☺😐

____ / 4
Total

Mónica era la más callada. "¡No puedo escucharte!", le decían todos. "¿Por qué no hablas más fuerte?" le preguntaba la gente, pero a Mónica le gustaba ser callada porque eso la ayudaba a sentir calma interior. Sabía que podía hablar más fuerte si lo necesitaba. De lo contrario, estaba conforme de ser la más callada de la clase.

1. ¿Por qué a Mónica le gusta ser callada?

Ⓐ porque no tiene nada que decir

Ⓑ porque eso le ayuda a sentir calma interior

Ⓒ porque no sabe cómo hacer para hablar más fuerte

Ⓓ porque es muy tímida

2. ¿De qué trata en general el texto?

Ⓐ clases de vocalización

Ⓑ sentirte bien con quién eres

Ⓒ un salón de clases

Ⓓ secretos

3. ¿Cuál es un sinónimo de *necesitaba*?

Ⓐ solía

Ⓑ requería

Ⓒ fuerte

Ⓓ gustaba

4. ¿A qué se refiere la expresión *sentir calma interior* en el texto?

Ⓐ sentirse en paz

Ⓑ tener un estómago calmado

Ⓒ tener un cerebro tranquilo

Ⓓ sentir frío

NOMBRE:_______________________ **FECHA:**_______________

INSTRUCCIONES Lee el texto y luego responde las preguntas.

PUNTAJE

A Kevin le agradaba mucho su compañero de lectura, Ted, quien estaba en quinto grado. Kevin estaba en segundo grado. Sus clases se juntaban cada viernes. Cada estudiante de segundo se juntaba con uno de quinto. Leían juntos. Kevin se divertía con Ted. Lo veía en el patio de juegos. A Kevin nunca se preocupaba de que los niños más grandes lo fueran a molestar.

1. ¿Quiénes son Kevin y Ted?

(A) compañeros de lectura
(B) hermanos
(C) compañeros de clase
(D) enemigos

2. ¿Qué te dice el texto sobre lo que son los compañeros de lectura?

(A) Son niños que hacen pruebas de lectura juntos.
(B) Son dos niños de dos grados diferentes que leen juntos.
(C) Son dos niños que odian leer y que juegan juntos.
(D) Son amigos que tienen un grupo de lectura.

3. ¿Qué sufijo se le podría agregar a la raíz *junt*?

(A) *–ía*
(B) *–ido*
(C) *–aba*
(D) *–er*

4. ¿Qué palabra significa *preocupaba*?

(A) predecía
(B) decía
(C) llenaba
(D) inquietaba

1. ☺ ☹
2. ☺ ☹
3. ☺ ☹
4. ☺ ☹

____ / 4
Total

NOMBRE:_________________________ **FECHA:**_______________

Basta de acoso escolar

Dos niñas siguieron a Sam desde la escuela hasta su casa. Estaba caminando solo porque su hermano estaba en casa enfermo. Podía escuchar a las niñas detrás de él. Se reían y decían cosas groseras. Parecía como si se acercaran cada vez más.

Sam no sabía por qué las niñas lo estaban molestando. Apenas las conocía, aunque una de las niñas vivía a la vuelta de la esquina. Sam incluso pensó que podía ser amiga de su hermano. ¿Por qué era tan mala con él? Sam comenzó a caminar rápido.

Dio la vuelta a la esquina de su calle. Su casa estaba a cinco casas de la esquina. Podía ver su auto y su buzón. Estaba tan cerca. Comenzó a trotar.

Las niñas trotaron detrás de él, pero luego Sam las sorprendió cuando dejó de correr y se dio la vuelta.

—¿Por qué me están siguiendo? —les gritó—. No me gusta, y creo que me están intimidando.

Las niñas dejaron de correr.

—¿Intimidándote? —preguntó una de ellas—. No, no lo hacemos. Solo nos estamos divirtiendo.

—Lo que hacen no me parece divertido —dijo Sam—. ¡Por favor dejen de hacerlo y déjenme tranquilo!

—Está bien, perdón, Sam —murmuraron las niñas. Parecían tristes, pero Sam estaba contento. Les había enseñado una lección. Lo que puede parecer divertido puede hacer sentir incómodo a alguien, y eso no está bien. Sam entró a su casa, esperando que no lo volvieran a molestar ni a él ni a nadie más.

NOMBRE:________________________ **FECHA:**__________________

INSTRUCCIONES Lee "Basta de acoso escolar" y luego responde las preguntas.

1. ¿Quién puede identificarse con el texto?

- (A) cualquier hermano menor
- (B) cualquiera que haya sufrido acoso escolar
- (C) cualquier varón
- (D) una niña que ha caminado sola a casa

2. ¿Qué hace Sam a medida que se acerca a casa?

- (A) trepar
- (B) tropezar
- (C) trotar
- (D) tramar

3. ¿Qué quiere decir hacer sentir a alguien *incómodo*?

- (A) hacer gritar a alguien
- (B) hacer que alguien camine rápido
- (C) hacer que alguien se sienta triste
- (D) hacer que alguien se preocupe y se sienta intranquilo

4. ¿Cuál es el problema?

- (A) El hermano de Sam está enfermo.
- (B) Sam está enojado.
- (C) A Sam lo molestan las niñas.
- (D) Sam se pierde cuando camina a casa.

5. ¿Cuál es el mejor resumen del texto?

- (A) A Sam lo siguen y lo molestan camino a casa.
- (B) Sam se defiende y les dice a las niñas que lo molestan que lo dejen tranquilo.
- (C) Sam camina a casa solo.
- (D) Sam les grita a otros niños.

PUNTAJE

1. ☺ 😐
2. ☺ 😐
3. ☺ 😐
4. ☺ 😐
5. ☺ 😐

____ / 5

Total

NOMBRE: ______________________ **FECHA:** ________________

PUNTAJE

___ / 4

Vuelve a leer el texto "Basta de acoso escolar".

Piensa en cómo Sam decide enfrentar a las niñas que lo molestan.

Escribe sobre qué harías tú si alguien te molestara mientras caminas a casa.

____

____

____

____

____

____

____

____

____

____

____

____

____

____

NOMBRE:_______________________ **FECHA:**_______________

INSTRUCCIONES Lee el texto y luego responde las preguntas.

PUNTAJE

1. ☺ 😐

2. ☺ 😐

3. ☺ 😐

4. ☺ 😐

____ / 4
Total

Hay personas que llegaron a las Américas hace mucho tiempo. Llegaron antes de que los exploradores lo hicieran. Los nativos vivían en todo el territorio. Las tribus vivían de manera simple. Cuidaban la tierra. Era su tierra y lucharon para conservarla.

1. ¿De qué se trata principalmente este texto?

- Ⓐ exploradores
- Ⓑ nativos
- Ⓒ tierra
- Ⓓ una vida simple

2. ¿Dónde vivían los nativos?

- Ⓐ en las llanuras
- Ⓑ en la costa
- Ⓒ donde llegaron los exploradores
- Ⓓ en todo el territorio de Estados Unidos

3. ¿Qué palabra tiene el mismo sufijo que *vivían*?

- Ⓐ lucharon
- Ⓑ personas
- Ⓒ tenían
- Ⓓ llegaron

4. ¿Cuál es una definición de la palabra *nativo*?

- Ⓐ una persona que viene de un lugar determinado
- Ⓑ una persona que vive de manera simple
- Ⓒ una persona que vive en el bosque
- Ⓓ una persona que explora

NOMBRE: ____________________ **FECHA:** ______________

INSTRUCCIONES Lee el texto y luego responde las preguntas.

PUNTAJE

1. ☺ 😐
2. ☺ 😐
3. ☺ 😐
4. ☺ 😐

____ / 4 Total

Los búfalos también se conocen como *bisontes*. Los búfalos son bastante grandes. Pueden pesar alrededor de 2,000 libras. Los búfalos son rápidos, a pesar de ser tan grandes. Son buenos nadadores. Solían andar en grupos grandes. Ahora se ven en manadas más pequeñas.

1. ¿Qué título describe mejor la idea principal?

- (A) Andando por ahí
- (B) Grandes y rápidos
- (C) Datos sobre los búfalos
- (D) Manadas pequeñas

2. ¿Qué dato **no** se menciona en el texto?

- (A) Los búfalos estaban casi extintos debido a la caza.
- (B) Los búfalos pueden pesar alrededor de 2,000 libras.
- (C) Los búfalos son buenos nadadores.
- (D) Los búfalos también se llaman bisontes.

3. ¿Qué sufijo **no se le puede** agregar a la raíz *nada*?

- (A) *–dor*
- (B) *–dar*
- (C) *–do*
- (D) *–r*

4. ¿Cuál es otra palabra para *andar*?

- (A) deambular
- (B) comer
- (C) manada
- (D) cazar

NOMBRE:_______________________ **FECHA:**_______________

INSTRUCCIONES Lee el texto y luego responde las preguntas.

PUNTAJE

Los iglúes son casas hechas con hielo y nieve. Los esquimales viven en ellos. Los iglúes tienen forma de domo. Los iglúes se construyen en el Ártico. No hay demasiados materiales con los que construir. Pero hay nieve en todas partes. Los iglúes son cálidos porque el hielo conserva aire caliente dentro. Los iglúes pueden ser lo suficientemente grandes para una o dos familias.

1. ¿Cuál es el tema principal?

- (A) el Ártico
- (B) nieve
- (C) esquimales
- (D) iglúes

2. ¿De qué están hechos los iglúes?

- (A) hielo
- (B) nieve
- (C) hielo y nieve
- (D) ni hielo ni nieve

3. ¿Qué palabra tiene el mismo sufijo que la palabra *realidad*?

- (A) hielo
- (B) gravedad
- (C) puntual
- (D) volar

4. ¿Cuál tiene por lo general la forma de un *domo*?

- (A) una tienda de campaña
- (B) la tapa de una caja
- (C) una piscina
- (D) un salón de clases

1. ☺☹
2. ☺☹
3. ☺☹
4. ☺☹

____ / 4
Total

NOMBRE:________________________ **FECHA:**________________

Las casas de los indígenas norteamericanos

Los indígenas norteamericanos viven en tribus. Estas tribus vivían en diferentes partes del país. Hace mucho, construyeron casas que los ayudaron a sobrevivir. Los hogares se hacían con materiales especiales. Los pueblos nativos usaban lo que tenían.

Los indígenas norteamericanos vivieron en numerosos tipos de casas. Algunos vivían en casas de pasto. Las tribus que vivían en llanuras extensas y cubiertas de pasto lo utilizaban para construir sus hogares. Estas construcciones funcionaban bien en climas cálidos. ¡Estas estructuras medían hasta cuarenta pies de altura!

Las casas de adobe eran un tipo diferente de hogar. Se llamaban *pueblos*. Estas casas estaban hechas de barro y paja. A menudo tenían más de un piso. Funcionaban bien para las tribus que permanecían en un solo lugar por mucho tiempo. Los pueblos ayudaban a que las personas se mantuvieran frescas cuando hacía calor.

Las casas de tablón funcionaban bien en climas fríos. Las tribus que vivían en casas de tablón las construían con madera. Funcionaban bien en lugares fríos con bosques cerca. Las personas encontraron árboles altos en los bosques para hacer tablones. Las casas de tablón también eran hogares permanentes.

Algunas tribus viajaban mucho, así que construían hogares que pudieran trasladarse con facilidad. Los *tipis* eran un tipo de hogar temporal. Un tipi luce como una tienda de campaña. Está hecho con cuero de búfalo. Las tribus que cazaban búfalos construían estos hogares.

tipis

Todas las tribus tenían que ser constructores ingeniosos. Utilizaban los materiales que tenían a su alrededor. Construían estructuras para sobrevivir al clima. Los indígenas fueron bastante exitosos en crear sus propios tipos de comunidades.

NOMBRE:____________________________ **FECHA:**__________________

INSTRUCCIONES Lee "Las casas de los indígenas norteamericanos" y luego responde las preguntas.

1. ¿Qué ejemplo se relaciona con el texto?

Ⓐ Tengo pasto en mi jardín.

Ⓑ Nuestra casa está construida para resistir huracanes.

Ⓒ Hago vasijas con barro.

Ⓓ He visto búfalos en el zoológico.

2. ¿Qué tipo de casa funciona bien en un clima frío?

Ⓐ una casa de tablón

Ⓑ una casa de platón

Ⓒ una casa de latón

Ⓓ una casa de armazón

3. Según las pistas del contexto, ¿qué es un *cuero* de búfalo?

Ⓐ la piel

Ⓑ los dientes

Ⓒ las patas

Ⓓ la cabeza

4. ¿Qué tienen en común las casas de adobe y las casas de pasto?

Ⓐ Las dos son fáciles de mover.

Ⓑ Las dos están hechas de pasto.

Ⓒ Las dos funcionan bien en climas más cálidos.

Ⓓ Las dos están hechas de madera.

5. ¿Cuál es el mejor resumen del texto?

Ⓐ Las casas de tablón estaban hechas con madera.

Ⓑ Las tribus construían hogares que pudieran trasladarse con facilidad.

Ⓒ Las tribus construían casas que cubrieran sus necesidades.

Ⓓ Los indígenas norteamericanos vivían en tipis.

PUNTAJE

1. ☺ 😐
2. ☺ 😐
3. ☺ 😐
4. ☺ 😐
5. ☺ 😐

____ / 5
Total

NOMBRE:______________________ **FECHA:**________________

PUNTAJE

___ / 4

Vuelve a leer el texto "Las casas de los indígenas norteamericanos".

Piensa en cómo estos hogares son similares y diferentes.

Escribe sobre dos similitudes y dos diferencias que notas en estos hogares.

NOMBRE:_______________________ **FECHA:**_______________

INSTRUCCIONES Lee el texto y luego responde las preguntas.

PUNTAJE

1. ☺ 😐
2. ☺ 😐
3. ☺ 😐
4. ☺ 😐

___ / 4 Total

Algunos niños jugaban un juego llamado Teléfono descompuesto. Casey y John reunieron a cuatro niños, y todos se sentaron en círculo. Casey inventó una frase graciosa. Le susurró la frase al amigo que tenía a su izquierda. Ese amigo se la susurró al niño junto a él. La historia pasó por todo el círculo. Cuando llegó a John, él dijo la frase en voz alta. ¡Todos los niños se rieron! ¡La frase no era la misma en absoluto!

1. ¿Qué hace que el juego del Teléfono descompuesto sea tan divertido y absurdo?

- (A) Es difícil escuchar a alguien susurrando.
- (B) El mensaje del final no coincide con el mensaje del principio.
- (C) Sentarse en círculo es absurdo.
- (D) John sigue contando chistes.

2. ¿Qué título va mejor con el texto?

- (A) Llama a tus amigos
- (B) El juego del Teléfono descompuesto
- (C) Enunciados graciosos
- (D) Palabras susurradas

3. ¿Cuántas sílabas tiene la palabra *teléfono*?

- (A) una sílaba
- (B) dos sílabas
- (C) tres sílabas
- (D) cuatro sílabas

4. ¿Qué significa que la historia *pasó por todo el círculo*?

- (A) Era una historia sobre una excursión durante las vacaciones.
- (B) La historia continuaba.
- (C) La historia no tenía final.
- (D) Los niños se contaron la historia uno por uno sentados en círculo.

NOMBRE: ______________________ **FECHA:** ______________

INSTRUCCIONES Lee el texto y luego responde las preguntas.

PUNTAJE

1. ☺ 😐
2. ☺ 😐
3. ☺ 😐
4. ☺ 😐

____ / 4
Total

Mi abuelo siempre contaba historias. Era difícil saber qué era verdad. No se si realmente caminó ocho millas para ir a la escuela en la nieve. También me pregunto si de verdad vio a un oso ese día en el bosque, pero eso en realidad no importa. Lo que importa es que me contó las historias. Me encantaba la compañía de mi abuelo.

1. ¿Quién es el narrador?

- Ⓐ un oso
- Ⓑ un nieto
- Ⓒ una abuela
- Ⓓ un abuelo

2. ¿Qué título va mejor con el texto?

- Ⓐ Chistes de mi familia
- Ⓑ Momentos especiales con mi abuelo
- Ⓒ Largas historias
- Ⓓ Una caminata en la nieve

3. ¿A qué palabra **no se le puede** anteponer a *hielo* para formar una palabra compuesta?

- Ⓐ pica
- Ⓑ rompe
- Ⓒ corta
- Ⓓ colina

4. ¿Qué significa la palabra *compañía* en la última oración?

- Ⓐ una empresa
- Ⓑ trabajo
- Ⓒ estar junto a alguien
- Ⓓ grupo

NOMBRE:________________________ **FECHA:**________________

INSTRUCCIONES Lee el texto y luego responde las preguntas.

PUNTAJE

1. ☺ ☹
2. ☺ ☹
3. ☺ ☹
4. ☺ ☹

____ / 4 Total

Nosotros hablamos sobre George Washington en la escuela hoy. Fue el primer presidente. Hay muchas historias sobre él. Una es que no podía decir mentiras. Cuando era niño, lo descubrieron cortando un árbol de cerezo. El árbol era especial. Su papá estaba furioso. George dijo la verdad. Su papá estaba feliz de que hubiera dicho la verdad. ¡Esa historia se ha contado por más de 200 años! ¡Yo no lo podía creer!

1. ¿Qué cree el narrador que es inusual sobre la historia de George Washington?

- (A) Cortar un árbol de cerezo era algo grave.
- (B) El presidente era muy honesto.
- (C) Su papá estaba enfadado.
- (D) Ha sido contada por más de 200 años.

2. ¿A quién se refiere *nosotros* en la primera oración?

- (A) una familia
- (B) un autor
- (C) una clase de estudiantes
- (D) George Washington

3. ¿Qué palabra tiene la misma raíz que *hablamos*?

- (A) árbol
- (B) años
- (C) hablararon
- (D) hada

4. ¿Qué significa *furioso*?

- (A) paralizado
- (B) curioso
- (C) interesado
- (D) muy enojado

NOMBRE:____________________ **FECHA:**________________

Johnny Appleseed

Johnny Appleseed vivió hace muchos años. Nació en 1774. Su nombre real era John Chapman. Era famoso por plantar árboles de manzana.

Algunas historias cuentan que solamente esparcía las semillas por ahí. Pero Johnny sabía mucho sobre árboles. Sabía dónde debían crecer. Construyó *viveros*. Estos son lugares para que los árboles crezcan. Los árboles se les vendían a las personas. Luego, la gente plantaba los árboles en su tierra.

Johnny quería que los árboles de manzana crecieran a lo largo de grandes áreas de tierra. Quería proteger a los seres de la naturaleza.

Esta historia ha pasado de generación en generación a través de los años. Algunos hechos son verdaderos. Algunos hechos han sido exagerados. Es un cuento popular que muchas personas conocen.

Una de las razones por las que Johnny Appleseed es famoso es porque era un hombre cariñoso y amable. Trataba a los demás muy bien. Vivió de manera simple. Le importaban mucho los animales y cuidaba de los seres en la naturaleza. Es un héroe. Lo admiran por su buena naturaleza y sus buenos actos.

NOMBRE:______________________ **FECHA:**______________

INSTRUCCIONES Lee "Johnny Appleseed" y luego responde las preguntas.

1. ¿Quién puede identificarse con el texto?

- (A) una niña pequeña a la que no le gusta comer manzanas
- (B) una maestra que es cariñosa y amable con sus estudiantes
- (C) un niño que limpia playas locales
- (D) un hombre que planta semillas en su jardín

2. ¿Qué tipo de historia es "Johnny Appleseed"?

- (A) un cuento de pueblo
- (B) un cuento popular
- (C) un cuento de hadas
- (D) un cuento chino

3. ¿Qué es un *héroe*?

- (A) una persona fuerte
- (B) una persona que vive de manera simple
- (C) una persona admirada por los demás
- (D) una persona que vivió hace mucho tiempo

4. ¿Por qué Johnny Appleseed obtuvo su apodo?

- (A) Plantaba árboles de manzana y protegía grandes áreas naturales.
- (B) Compraba y vendía manzanas.
- (C) Horneaba tartas de manzana.
- (D) Era bueno con los animales y las personas.

5. ¿Cuál es el mejor resumen?

- (A) Johnny Appleseed es un agricultor famoso.
- (B) La historia de vida de Johnny Appleseed es un cuento popular que muchas personas conocen.
- (C) Johnny Appleseed inventó las manzanas.
- (D) Johnny Appleseed sabía mucho sobre árboles.

PUNTAJE

1. ☺ 😐
2. ☺ 😐
3. ☺ 😐
4. ☺ 😐
5. ☺ 😐

____ / 5
Total

NOMBRE:____________________ **FECHA:**_______________

PUNTAJE

___ / 4

Vuelve a leer el texto "Johnny Appleseed".

Piensa en las razones por las que Johnny Appleseed es un héroe.

Escribe sobre un héroe en tu vida. ¿Por qué admiras a esta persona?

NOMBRE:_______________________ **FECHA:**_______________

INSTRUCCIONES Lee el texto y luego responde las preguntas.

PUNTAJE

1. ☺😐
2. ☺😐
3. ☺😐
4. ☺😐

____ / 4
Total

El protector solar es importante. Protege la piel de las quemaduras. Sin embargo, no todas las exposiciones al sol son malas. Tomar algo de sol puede ser bueno para ti. Nuestro cuerpo produce la vitamina D. Solo lo hace mientras tomamos sol. La vitamina D también es importante para la salud. Algunos minutos de luz solar todos los días es todo lo que necesitas.

1. ¿Cuál es el punto importante de tomar sol?

Ⓐ Las personas deben evitar el sol.
Ⓑ La vitamina D viene del protector solar.
Ⓒ Tomar algo de sol es importante para que nuestros cuerpos produzcan vitamina D.
Ⓓ El protector solar debe usarse todos los días.

2. ¿Cuándo produce el cuerpo vitamina D?

Ⓐ cuando hacemos ejercicio
Ⓑ cuando tomamos sol
Ⓒ cuando usamos protector solar
Ⓓ a la mañana

3. ¿Qué palabra **no** es una palabra compuesta?

Ⓐ girasol
Ⓑ girasoles
Ⓒ quitasol
Ⓓ vitamina

4. ¿Qué significa la palabra *exposiciones* en el texto?

Ⓐ cuerpo
Ⓑ contacto
Ⓒ sal
Ⓓ calor

NOMBRE:____________________ **FECHA:**______________

PUNTAJE

1. ☺ 😐
2. ☺ 😐
3. ☺ 😐
4. ☺ 😐

____ / 4
Total

INSTRUCCIONES Lee el texto y luego responde las preguntas.

Los linces pueden vivir en casi cualquier parte. Muchos de ellos se encuentran en el desierto. Un lince se parece mucho a un gato doméstico grande. Pero los linces son más grandes. También tienen un gruñido temible. Algunas personas dicen que los linces suenan como los pumas. A los linces les gusta cazar conejos, ratones y ratas. Son buenos cazadores.

1. ¿Cuál es el tema principal?

Ⓐ linces
Ⓑ conejos
Ⓒ cazadores
Ⓓ pumas

2. ¿A qué se parece un lince?

Ⓐ a un gato doméstico
Ⓑ a un puma
Ⓒ a un conejo
Ⓓ a un ratón

3. ¿Cuál es la raíz en *cazadores*?

Ⓐ ca
Ⓑ dores
Ⓒ azadores
Ⓓ cazar

4. ¿Cuál de estos animales no tiene un *gruñido temible*?

Ⓐ leopardo
Ⓑ tigre
Ⓒ león
Ⓓ elefante

NOMBRE:______________________ **FECHA:**______________

INSTRUCCIONES Lee el texto y luego responde las preguntas.

PUNTAJE

Los cactus son plantas muy comunes en el desierto. Un tipo de cactus que crece en el desierto se llama *nopal*. Puede crecer en tierra arenosa. Esta planta puede sobrevivir en días calurosos y secos. También puede sobrevivir durante mañanas heladas. ¡Ese es un rango único de temperaturas! Un nopal crece hasta siete pies de altura.

1. ¿De qué trata en general este texto?

(A) los animales del desierto
(B) las temperaturas
(C) los nopales
(D) la arena

2. ¿Qué es lo más inusual del nopal?

(A) Es un cactus.
(B) Puede sobrevivir tanto en temperaturas altas como en temperaturas bajas.
(C) Se encuentra en el desierto.
(D) Le gusta el sol.

3. ¿Qué palabra tiene la misma raíz que *crece*?

(A) creencia
(B) credencial
(C) creciendo
(D) credo

4. ¿Qué significa *común* en la primera oración?

(A) amigable
(B) raro
(C) habitual
(D) compartido

1. ☺ 😐
2. ☺ 😐
3. ☺ 😐
4. ☺ 😐

___ / 4
Total

NOMBRE:_______________________ **FECHA:**_______________

Comparación de biomas

El desierto es un lugar especial. Es muy seco. Hay muy poca lluvia allí. Las plantas y los animales del desierto pueden vivir sin demasiada agua. El cactus vive allí. Almacena agua en su tronco. Esto lo ayuda a sobrevivir en el calor.

bioma de desierto

El desierto es un tipo de bioma. Un *bioma* es un área con determinadas plantas y animales. Toda la zona tiene el mismo clima. Estos elementos hacen que el área sea única.

La tundra es otro tipo de bioma. La tundra es muy fría. Pocas plantas y animales pueden sobrevivir allí. Algunos matorrales y arbustos viven allí. Algunos animales, como los zorros y los osos, también pueden vivir en la tundra. Tienen que soportar el frío y el viento.

Un bosque tropical húmedo también es un bioma. Allí llueve mucho. También es una región muy cálida. Los bosques húmedos grandes tienen vida animal y vegetal. Esta puede sobrevivir en lugares húmedos y cálidos. Varias especies de monos viven en este bioma.

Cada bioma es único. Las personas deben proteger todos los biomas. Muchos seres vivos dependen de nosotros. Quieren un hábitat saludable.

NOMBRE:_______________________ **FECHA:**_______________

INSTRUCCIONES Lee "Comparación de biomas" y luego responde las preguntas.

1. ¿Quién puede identificarse con el texto?

Ⓐ una persona que ha visitado un desierto

Ⓑ un autor que escribe sobre el clima

Ⓒ un niño a quien le gusta dibujar monos

Ⓓ un meteorólogo que estudia huracanes

2. ¿Qué palabra describe un animal que vive en la tundra?

Ⓐ un zoo

Ⓑ un zoro

Ⓒ un zorro

Ⓓ un topo

3. ¿Qué significa la palabra *soportar*?

Ⓐ disfrutar

Ⓑ tolerar

Ⓒ salir

Ⓓ mirar

4. ¿Qué es verdadero para todos los biomas?

Ⓐ Todos los biomas son húmedos.

Ⓑ Todos los biomas son fríos.

Ⓒ Todos los biomas son únicos.

Ⓓ Todos los biomas están llenos de personas.

5. De acuerdo con el autor, ¿qué deben hacer las personas por los biomas?

Ⓐ Protegerlos para que sean hábitats saludables.

Ⓑ Medir la cantidad de lluvia en los bosques.

Ⓒ Mantenerse alejadas de los desiertos calientes y secos.

Ⓓ Ubicar los animales en cada bioma.

PUNTAJE

1. ☺😐

2. ☺😐

3. ☺😐

4. ☺😐

5. ☺😐

___ / 5

Total

NOMBRE:________________________ **FECHA:**__________________

PUNTAJE

___ / 4

Vuelve a leer el texto "Comparación de biomas".

Piensa en las similitudes y diferencias entre los biomas.

Escribe sobre las diferencias entre el desierto, la tundra y el bosque tropical.

NOMBRE:______________________ **FECHA:**______________

INSTRUCCIONES Lee el texto y luego responde las preguntas.

PUNTAJE

1. ☺ 😐
2. ☺ 😐
3. ☺ 😐
4. ☺ 😐

____ / 4
Total

Nuestra clase hizo una encuesta hoy. Cada uno de nosotros eligió el ingrediente favorita para la pizza. Trabajamos juntos para contar los resultados. No me sorprendió. El pepperoni ganó, con quince votos. El queso estuvo en el segundo lugar. Obtuvo seis votos. Las verduras y las salchichas empataron como últimos. Cada uno obtuvo tres votos. ¡Seguro que a nuestra clase le encanta el pepperoni!

1. ¿Cuál es el orden correcto de los resultados de la encuesta?

Ⓐ queso, pepperoni, verduras y salchichas
Ⓑ pepperoni, queso, verduras y salchichas
Ⓒ queso, verduras y salchichas, pepperoni
Ⓓ verduras y salchichas, queso, pepperoni

2. ¿De qué trata en general el texto?

Ⓐ la encuesta de una clase y los resultados
Ⓑ reparto de pizza
Ⓒ pizza de verduras
Ⓓ votación

3. ¿Qué sufijo puede agregarse a *trabaja* para hacer una palabra nueva?

Ⓐ *–dad*
Ⓑ *–dor*
Ⓒ *–ción*
Ⓓ *–or*

4. ¿Qué enunciado describe una *encuesta*?

Ⓐ un gráfico
Ⓑ respuestas a una consulta sobre una opinión o preferencia
Ⓒ una investigación oficial
Ⓓ una elección

NOMBRE: ____________________ **FECHA:** ____________________

INSTRUCCIONES Lee el texto y luego responde las preguntas.

PUNTAJE

1. ☺ 😐

2. ☺ 😐

3. ☺ 😐

4. ☺ 😐

____ / 4 Total

Liam fue al lugar de votación con su papá. Este era un gran día. Todos votaban por un nuevo presidente. El papá de Liam pensaba que debía mostrar a su hijo cómo funcionaba. Liam vio la papeleta y vio a su papá tomar decisiones. Cuando terminó, el papá de Liam puso la papeleta en una urna. Liam volvió a casa con una calcomanía que decía "Yo voté".

1. ¿Dónde ocurre el texto?

- (A) un día de elecciones
- (B) una urna electoral
- (C) un lugar de votación
- (D) una escuela

2. ¿Qué lecciones importantes aprende Liam de esta experiencia?

- (A) Aprende sobre nuevas calcomanías.
- (B) Aprende quién será el mejor presidente.
- (C) Aprende sobre cómo y dónde votar.
- (D) Aprende sobre dónde trabaja su papá.

3. ¿Qué palabra del texto puede usar el sufijo *–ndo* para hacer una palabra nueva?

- (A) grande
- (B) fue
- (C) toma
- (D) día

4. ¿Qué significa *lugar de votación*?

- (A) un lugar donde el papá puede jugar con su hijo
- (B) un lugar que entrega calcomanías
- (C) un lugar para que visite el presidente
- (D) un lugar donde se realiza una votación de elección

NOMBRE:______________________ **FECHA:**______________

INSTRUCCIONES Lee el texto y luego responde las preguntas.

PUNTAJE

Los estudiantes están orgullosos de su escuela, así que los asuntos escolares son importantes para ellos. Quieren ser escuchados por los adultos. Tienen muchas opiniones sobre cómo mejorar las cosas. Pregunta a un joven estudiante sobre la escuela. ¡Escucharás algunas ideas nuevas!

1. ¿Qué es importante para los estudiantes?

- (A) adultos
- (B) asuntos escolares
- (C) opiniones
- (D) ideas

2. ¿Qué dice el texto sobre los estudiantes?

- (A) A los estudiantes no les gusta hablar sobre la escuela.
- (B) A los estudiantes solo les importan sus propios asuntos.
- (C) Las opiniones de los estudiantes deben ser escuchadas porque quieren hacer que su escuela sea un gran lugar.
- (D) Las opiniones de los estudiantes no son tan importantes como lo que dicen los maestros.

3. *Escucharás* es una palabra

- (A) sobreesdrújula
- (B) aguda
- (C) grave
- (D) esdrújula

4. ¿Cuál de las siguientes **no** sería la *opinión* de un estudiante sobre una escuela?

- (A) La escuela debe reciclar las bandejas del almuerzo.
- (B) La escuela debe realizar una campaña para recolectar juguetes para las fiestas.
- (C) La escuela se construyó en el año 1965.
- (D) La escuela necesita un patio de juegos más seguro.

1. ☺ 😐

2. ☺ 😐

3. ☺ 😐

4. ☺ 😐

____ / 4

Total

NOMBRE:_______________________ **FECHA:**_______________

Día de elecciones

Los estudiantes votaron durante el almuerzo. Hoy era día de elecciones. En la escuela se elegía el consejo estudiantil. Cada clase envía una persona al consejo. El consejo se reúne con los maestros. También habla con el director. Da voz a los estudiantes. Ellos comparten sus opiniones sobre la escuela. Hablan sobre la comida de la cafetería. Analizan reglas durante el receso para el almuerzo. Incluso tienen ideas que quieren poner en marcha.

Los estudiantes se inscriben para el consejo. A veces solo un estudiante en la clase quiere el trabajo. ¡Eso facilita las elecciones! En otras clases, dos o tres estudiantes tienen que luchar hasta el final. Necesitan el número más alto de votos para ganar.

Los estudiantes practican cómo se hace para presentarse como candidatos. Dan discursos. Hablan sobre asuntos. Realizan promesas. Todas estas cosas también ocurren en una elección real.

Finalmente, es hora de votar. Los estudiantes van a un lugar de votación. Eligen un nombre. Ponen su papeleta en una urna. El director cuenta los votos. ¡El consejo escolar se ha formado! Ahora el consejo puede comenzar con el trabajo duro. ¡Pueden unirse para hacer de la escuela un excelente lugar en donde estar!

NOMBRE:________________________ **FECHA:**________________

INSTRUCCIONES Lee "Día de elecciones" y luego responde las preguntas.

1. ¿Quién puede identificarse con el texto?

(A) una maestra que planifica una lección

(B) el dueño de una tienda que está enojado con los clientes

(C) un estudiante que quiere limpiar la basura en la escuela

(D) una niñera que está a cargo de varios niños

2. ¿Cuál podría ser otro título para este texto?

(A) Lugar de votación

(B) Votación del consejo estudiantil

(C) Reglas para los recesos

(D) Papeletas

3. ¿Qué significa *luchar hasta el final*?

(A) estar en desacuerdo

(B) competir

(C) ir a la guerra

(D) jugar

4. ¿De qué trata el texto?

(A) hablar con el director

(B) analizar asuntos escolares

(C) votar por un consejo estudiantil

(D) escribir un discurso

5. ¿Cuál resume mejor el texto?

(A) Es difícil hablar con el director sobre problemas.

(B) Una elección del consejo estudiantil es similar a una elección real.

(C) Los lugares de votación son divertidos para visitar.

(D) Una escuela que necesita hacer mucho requiere personas inteligentes que ayuden.

PUNTAJE

1. ☺ 😐

2. ☺ 😐

3. ☺ 😐

4. ☺ 😐

5. ☺ 😐

____ / 5

Total

NOMBRE:_________________________ **FECHA:**___________________

PUNTAJE

___ / 4

Vuelve a leer el texto "Día de elecciones".

Piensa en lo que el consejo estudiantil puede hacer por tu escuela.

Escribe sobre los asuntos que desearías tratar con otros miembros del consejo estudiantil si fueras uno de ellos.

NOMBRE:________________________ **FECHA:**________________

INSTRUCCIONES Lee el texto y luego responde las preguntas.

Muchas personas disfrutan del béisbol. Es un deporte muy popular. Muchas personas son seguidoras de la liga nacional. Hay muchos equipos. Los Cachorros de Chicago son un equipo. Han jugado desde el año 1876. Son el equipo más antiguo que ha permanecido en la misma ciudad.

1. ¿Qué es especial sobre los Cachorros de Chicago?

Ⓐ Forman parte de la liga nacional.

Ⓑ Las personas disfrutan verlos.

Ⓒ Son el equipo más antiguo que ha permanecido en la misma ciudad.

Ⓓ Ganan muchos partidos.

2. ¿Cuándo se formaron los Cachorros de Chicago?

Ⓐ 1877

Ⓑ 1786

Ⓒ 1867

Ⓓ 1876

3. ¿Cuál es la raíz de la palabra *equipo*?

Ⓐ *equip*

Ⓑ *ipo*

Ⓒ *uip*

Ⓓ *po*

4. Usando pistas contextuales, ¿qué significa *liga*?

Ⓐ Es un grupo de equipos deportivos que juegan unos contra otros.

Ⓑ Es un equipo que ha jugado durante un largo tiempo.

Ⓒ Es un equipo en Chicago.

Ⓓ Es un grupo de fútbol.

PUNTAJE

1. ☺ 😐

2. ☺ 😐

3. ☺ 😐

4. ☺ 😐

____ / 4 Total

NOMBRE:_______________________ **FECHA:**_______________

INSTRUCCIONES Lee el texto y luego responde las preguntas.

PUNTAJE

1. ☺ 😐

2. ☺ 😐

3. ☺ 😐

4. ☺ 😐

___ / 4
Total

Las personas no siempre son tratadas del mismo modo. Este trato desigual se llama *discriminación*. En el pasado, los hombres tenían más derechos que las mujeres. Las mujeres no podían votar, ser dueñas de una casa ni tener un trabajo. Eran ciudadanos de segunda clase. Esto cambió totalmente, pero pasaron muchos años antes de que se hiciera el cambio. Se aprobaron leyes para asegurarse de que se mantenga de esta manera. Hoy, en la mayoría de los lugares, las mujeres tienen los mismos derechos que los hombres.

1. ¿Cuál es la idea principal?

(A) Las mujeres ahora pueden votar.
(B) La discriminación contra las mujeres ha cambiado.
(C) Las mujeres eran ciudadanos de segunda clase.
(D) Las mujeres y los hombres no tienen los mismos derechos.

2. ¿Por qué ya no se permite la discriminación?

(A) Le ocurrió a los hombres.
(B) Es difícil encontrar un trabajo para todos.
(C) Ahora está en contra de la ley.
(D) Las mujeres de hoy aún no pueden hacer lo que hacen los hombres.

3. ¿Cuál es el sufijo en la palabra *cambió*?

(A) *–ó*
(B) *–bió*
(C) *cambia*
(D) *ca–*

4. ¿Cuáles palabras significan algo similar?

(A) *tratadas* y *cambió*
(B) *mujeres* y *hombres*
(C) *ciudadanos* y *personas*
(D) *discriminación* y *leyes*

NOMBRE: ____________________ **FECHA:** ______________

INSTRUCCIONES Lee el texto y luego responde las preguntas.

Rosa Parks se hizo valer. Rosa Parks era afroamericana. Tuvo que ceder su asiento a una persona blanca. Así era la ley. Un día, en el año 1955, se negó a cumplir con esa ley. Iba en un autobús. No cedería su asiento. La arrestaron. Sus acciones cambiaron el mundo. Nació el Movimiento por los derechos civiles.

1. ¿De qué trata en general este texto?

- Ⓐ un asiento del autobús
- Ⓑ el movimiento por los derechos civiles
- Ⓒ antiguas leyes
- Ⓓ Rosa Parks

2. ¿Cuál **no** es verdadero?

- Ⓐ Rosa Parks se negó a ceder su asiento en un autobús.
- Ⓑ Rosa Parks nació en el año 1955.
- Ⓒ Rosa Parks fue una mujer valiente.
- Ⓓ Rosa Parks fue arrestada.

3. ¿Cómo se dividiría en sílabas la palabra *movimiento*?

- Ⓐ mov-imien-to
- Ⓑ mo-vim-iento
- Ⓒ mo-vi-mien-to
- Ⓓ movi-mi-ento

4. ¿Cuál significa *se hizo valer*?

- Ⓐ estaba insegura
- Ⓑ se mantenía sana
- Ⓒ tuvo coraje
- Ⓓ fue escandalosa

PUNTAJE

1. ☺ 😐
2. ☺ 😐
3. ☺ 😐
4. ☺ 😐

____ / 4 Total

NOMBRE:____________________ **FECHA:**______________

Un hombre inspirador

Jackie Robinson fue un jugador de béisbol. Era famoso. Era un buen hombre. Nació en 1919. Era afroamericano. Su vida fue difícil. Las personas no siempre fueron amables con su familia. Fueron tiempos complicados.

Jackie era un buen atleta. Le gustaban muchos deportes. Fue a la universidad. Jackie se alistó en el ejército. Luego, tomó una decisión. Comenzó a jugar béisbol.

Esto fue en 1944. Los equipos de béisbol estaban separados. Los jugadores blancos tenían sus propias ligas. Jackie fue elegido para un equipo. Era un equipo de blancos. Fueron tiempos difíciles para él. Algunas personas querían que Jackie se fuera. Lo querían en otro equipo. Algunos de sus compañeros pensaban lo mismo. Otros equipos no querían jugar contra él.

Jackie Robinson

Pero no todas las personas se sentían así. Algunos defendieron a Jackie. Su representante le era leal. Esto ayudó a que otros trataran mejor a Jackie. Las personas comenzaron a cambiar de opinión.

Jackie demostró que era talentoso. Era un atleta increíble. Cambió la opinión de las personas. ¡Esa fue una gran victoria!

NOMBRE:____________________ **FECHA:**____________

INSTRUCCIONES Lee "Un hombre inspirador" y luego responde las preguntas.

1. ¿Cuál tiene conexión con el texto?

(A) Necesito aprender a jugar béisbol.

(B) Me enojo cuando las personas no me incluyen.

(C) Atravieso tiempos difíciles y no me doy por vencido.

(D) Cuando la vida es dura, es hora de tomar un descanso.

2. ¿Cómo describe el autor la vida de Jackie?

(A) Era fácil.

(B) Era aterradora.

(C) Era linda.

(D) Era difícil.

3. ¿Qué significa *leal*?

(A) enojado con alguien

(B) que expresa apoyo y dedicación a alguien

(C) que juega muy bien con alguien

(D) que ignora a alguien

4. Jackie tuvo una vida difícil porque

(A) tenía gripe.

(B) era afroamericano.

(C) era mal jugador de béisbol.

(D) no era muy famoso.

5. ¿Cuál resume mejor la experiencia de Jackie Robinson?

(A) Jackie fue un increíble jugador de béisbol que aprovechó una oportunidad afortunada.

(B) Jackie fue un increíble jugador de béisbol que se destacó entre la multitud.

(C) Jackie fue un increíble jugador de béisbol que se enfocó en el juego.

(D) Jackie fue un increíble jugador de béisbol que se hizo valer y enseñó a las personas a no tener prejuicios.

PUNTAJE

1. ☺ 😐
2. ☺ 😐
3. ☺ 😐
4. ☺ 😐
5. ☺ 😐

____ / 5

Total

NOMBRE:____________________ **FECHA:**________________

PUNTAJE

___/ 4

Vuelve a leer el texto "Un hombre inspirador".

Piensa en cómo habrá sentido sus experiencias de vida Jackie Robinson.

Escribe sobre las cualidades que Jackie Robinson mostró a otros. ¿Cómo lo ayudaron estas cualidades?

NOMBRE:_______________________ **FECHA:**_______________

INSTRUCCIONES Lee el texto y luego responde las preguntas.

PUNTAJE

1. ☺ ☹
2. ☺ ☹
3. ☺ ☹
4. ☺ ☹

____ / 4
Total

El vestíbulo está muy concurrido. Las filas son interminables. Las personas están malhumoradas. Despachar el equipaje toma mucho tiempo. También cuesta trabajo pasar por la puerta de seguridad. Finalmente, es hora de abordar. ¡El avión ya casi está listo para despegar!

1. ¿Cuál es el escenario?

(A) un museo
(B) un aeropuerto
(C) una estación de trenes
(D) una tienda de equipaje

2. ¿Cuál es la idea principal?

(A) Planificar las vacaciones con anticipación siempre es una buena idea.
(B) A veces viajar es difícil.
(C) No llenes de más una maleta.
(D) Todos los aeropuertos están concurridos.

3. ¿Qué palabra tiene un prefijo que significa *sin*?

(A) vestíbulo
(B) equipaje
(C) interminables
(D) seguridad

4. ¿Qué palabra significa lo opuesto de *interminables* según como se usa en este texto?

(A) rápidas
(B) recto
(C) creciendo
(D) extremas

NOMBRE:_______________________ **FECHA:**_______________

INSTRUCCIONES Lee el texto y luego responde las preguntas.

PUNTAJE

1. ☺ 😐
2. ☺ 😐
3. ☺ 😐
4. ☺ 😐

____ / 4
Total

—¿Qué hay para hacer por aquí? —preguntó el primo de Jackson.

—¡Hay tanto para hacer! —respondió Jackson—. Ni siquiera tenemos suficiente tiempo para ver todo.

Jackson vivía en una granja. Su hogar estaba a millas de cualquier ciudad. No tenía vecinos. Sin embargo, Jackson nunca se aburría. Tenía animales para jugar y un vasto espacio para explorar. No podía imaginarse la vida en la ciudad con su primo.

1. ¿Qué te dice la conversación de los niños?

Ⓐ Tienen la misma edad.
Ⓑ Pueden vivir en lugares diferentes.
Ⓒ Ambos les temen a los caballos.
Ⓓ No se han visto por un tiempo.

2. ¿Cómo es la vida en una granja?

Ⓐ Puede ser muy emocionante.
Ⓑ Las granjas siempre son grandes.
Ⓒ A todos los niños debería gustarles explorar afuera.
Ⓓ Si estás en la ciudad, estás mucho más ocupado.

3. ¿Cuál es el homófono de *vasto*?

Ⓐ basto
Ⓑ pasto
Ⓒ pesto
Ⓓ cesto

4. ¿Qué significa que Jackson tiene *espacio para explorar*?

Ⓐ Puede ver estrellas claramente en el campo.
Ⓑ No tiene un hermano o hermana, así que tiene espacio para moverse.
Ⓒ Su establo tiene dos pisos.
Ⓓ El terreno de su granja tiene muchos lugares para descubrir.

NOMBRE:_______________________ **FECHA:**_______________

INSTRUCCIONES Lee el texto y luego responde las preguntas.

PUNTAJE

1. ☺ 😐
2. ☺ 😐
3. ☺ 😐
4. ☺ 😐

____ / 4 Total

El viaje en bote era tranquilo. Yo estaba con mi familia. Pensábamos en nuestros ancestros. Habían pasado por aquí antes. Habían visto la Estatua de la Libertad. Llegaron a Estados Unidos hace muchos años. La vida era diferente en ese entonces. Querían un mejor lugar donde vivir. Todos nos sentimos agradecidos de que hubieran venido aquí.

1. ¿Cuál es el escenario?

- (A) un bote
- (B) un avión
- (C) una isla
- (D) una estatua

2. ¿Por qué es especial este viaje para esta familia?

- (A) porque los viajes en Estados Unidos siempre son divertidos
- (B) porque disfrutan de viajes tranquilos
- (C) porque la Estatua de la Libertad es un monumento especial
- (D) porque sus ancestros habían viajado por la misma ruta

3. ¿Cuál es un sinónimo de ancestro?

- (A) antepasado
- (B) agradecido
- (C) aparecido
- (D) llegado

4. ¿Qué palabra es el pasado de *pensar*?

- (A) pensamientos
- (B) pensador
- (C) pensábamos
- (D) pensante

NOMBRE:____________________ **FECHA:**______________

El mejor viaje de la vida

Nick estaba tan entusiasmado. Faltaban tres días para su gran viaje. Iba a la ciudad de Nueva York. Nick nunca había estado ahí. Este era su primer viaje en tren. Sus padres habían ahorrado durante todo el año. Querían llevar a toda la familia. Querían visitar un lugar nuevo e interesante.

Nick quería llevar un diario para el viaje. Un diario podría ayudarlo a recordar qué había hecho durante este viaje. Quería poder volver a ver y rememorar los buenos momentos en Nueva York.

Nick habló con su madre. Sabía que podía escribir descripciones en su diario. ¿Pero qué sucedería con las cosas que viera que fueran realmente interesantes? Quería tomar fotografías. La familia de Nick tenía una cámara. Pero estaba dañada. Decidió pedir prestada una cámara a su amigo Anthony. Prometió cuidarla bien. Usaría la cámara para tomar fotografías en el viaje. Después de volver a casa, haría un álbum de recortes del viaje.

La noche anterior al viaje, Nick empacó la cámara, el bolígrafo y el diario. Casi no podía dormir. Deseaba que llegara la mañana para poder ir a la estación de trenes.

Por la mañana, Nick y su familia abordaron el tren. Estaban en camino a Nueva York. Nick empezó a escribir en su diario. Comenzó a tomar muchas fotografías. Iba a hacer el mejor viaje de su vida.

NOMBRE:____________________ **FECHA:**______________

INSTRUCCIONES Lee "El mejor viaje de la vida" y luego responde las preguntas.

1. ¿Por qué es una buena idea crear un diario en las vacaciones?

- (A) Es la manera de conocer la historia del lugar que visitas.
- (B) Es una manera de recordar un momento especial.
- (C) Te ayuda a saber cómo viajar en un pueblo nuevo.
- (D) Es una manera de guardar secretos de todos.

2. ¿Cómo viaja Nick a Nueva York?

- (A) en un tren
- (B) en un tranvía
- (C) en un camión
- (D) en camino

3. Con las pistas contextuales, ¿cuál es el significado de la palabra *rememorar*?

- (A) recordar
- (B) lamentarse
- (C) olvidar
- (D) refutar

4. ¿Cómo sabes que Nick está entusiasmado?

- (A) No puede comer.
- (B) Va en un tren.
- (C) No puede dormir.
- (D) Ahorra su dinero.

5. ¿Cuál de los siguientes **no** lleva Nick a Nueva York?

- (A) una cámara
- (B) un diario
- (C) un bolígrafo
- (D) un álbum de recortes

PUNTAJE

1. ☺ 😐
2. ☺ 😐
3. ☺ 😐
4. ☺ 😐
5. ☺ 😐

____ / 5

Total

NOMBRE: ______________________ **FECHA:** ______________

PUNTAJE

___ / 4

Vuelve a leer el texto "El mejor viaje de la vida".

Piensa en la importancia de este viaje a Nueva York para Nick.

Escribe sobre un viaje que hayas hecho y que recuerdes. ¿Qué hizo que tu viaje fuera especial?

NOMBRE:________________________ **FECHA:**________________

INSTRUCCIONES Lee el texto y luego responde las preguntas.

Muchas personas viven en ciudades grandes. Muchas no tienen automóviles. Conducir y estacionar puede ser complicado. Por ello, viajan de otras maneras. Un *metro* es una manera de viajar. Es un tren subterráneo. Lleva a las personas a diferentes paradas. Los residentes pueden andar en el metro día y noche.

1. ¿Cuál es la idea principal?

Ⓐ Las ciudades generalmente son grandes.

Ⓑ Conducir un automóvil es difícil en la ciudad.

Ⓒ Un metro es una manera en que las personas viajan en las ciudades.

Ⓓ Los metros siempre están abiertos.

2. ¿Cuál es un motivo de que las personas **no** tengan automóviles en la ciudad?

Ⓐ El estacionamiento es difícil.

Ⓑ Hay demasiados lugares para detenerse.

Ⓒ Hay demasiadas personas.

Ⓓ Cuesta demasiado.

3. ¿Cuál es la palabra compuesta en el texto?

Ⓐ alrededor

Ⓑ subterráneo

Ⓒ conducir

Ⓓ complicado

4. Usando pistas contextuales, ¿qué significa *complicado*?

Ⓐ grande

Ⓑ subterráneo

Ⓒ difícil

Ⓓ estacionamiento

PUNTAJE

1. ☺ 😐

2. ☺ 😐

3. ☺ 😐

4. ☺ 😐

____ / 4

Total

NOMBRE:_______________________ **FECHA:**_______________

INSTRUCCIONES Lee el texto y luego responde las preguntas.

PUNTAJE

1. ☺ 😐

2. ☺ 😐

3. ☺ 😐

4. ☺ 😐

___ / 4 Total

Las ciudades garantizan la seguridad de las personas. Crean una fuerza policial. Tienen departamentos de bomberos. Ayudan a planificar nuevos edificios y rutas. La ciudad incluso ayuda a dirigir la biblioteca y a mantener limpios los parques. El gobierno de una ciudad hace mucho por las personas que viven allí.

1. ¿Qué título podría describir mejor el gobierno de una ciudad?

- (A) Decepción de las personas
- (B) Bibliotecas y parques
- (C) Hacer mucho para tantos
- (D) Construcción de escuelas seguras

2. ¿Qué **no** hace una ciudad por sus residentes?

- (A) dirigir la biblioteca
- (B) crear una fuerza policial
- (C) limpiar casas
- (D) mantener limpios los parques

3. ¿Qué palabra tiene la misma raíz que *gobierno*?

- (A) departamento
- (B) gobernador
- (C) testamento
- (D) taberna

4. ¿Qué palabra significa *seguro*?

- (A) cálido
- (B) oso
- (C) protegido
- (D) vivo

NOMBRE:_______________________ **FECHA:**_______________

INSTRUCCIONES Lee el texto y luego responde las preguntas.

Los tractores ayudan con el trabajo de la granja. Los granjeros dependen de ellos, ya que hacen más fácil el trabajo de la granja. Un tractor puede tirar de un arado. Esto ayuda a remover la tierra para plantar cultivos en un campo. ¡Un granjero puede tener preparado un campo entero para plantar en tan solo algunas horas!

1. ¿Qué palabra describe mejor la idea principal sobre los tractores?

Ⓐ difíciles
Ⓑ plantar
Ⓒ pesados
Ⓓ útiles

2. ¿Qué hace un arado?

Ⓐ Tirar de un tractor.
Ⓑ Remueve la tierra para plantar cultivos.
Ⓒ Cosecha los cultivos.
Ⓓ Riega los cultivos.

3. ¿Cuántas sílabas hay en la palabra *tractor*?

Ⓐ una sílaba
Ⓑ dos sílabas
Ⓒ tres sílabas
Ⓓ cinco sílabas

4. ¿Qué palabra significa *tierra*?

Ⓐ cultivo
Ⓑ suelo
Ⓒ planta
Ⓓ roca

PUNTAJE

1. ☺ 😐
2. ☺ 😐
3. ☺ 😐
4. ☺ 😐

____ / 4
Total

NOMBRE:________________________ **FECHA:**________________

Vida en la ciudad y en el campo

La vida en la ciudad no es como la vida en el campo. Las áreas *urbanas* tienen más personas. Las personas viven más cerca en las ciudades. Hay más edificios. Las ciudades grandes tienen más automóviles y rutas. Algunos dicen que la vida se mueve más rápido en la ciudad. Siempre hay muchas cosas en marcha. Las personas están afuera todo el tiempo. Puede ser ruidoso.

un área rural

Las personas de las áreas *rurales* tienen espacio para moverse. Viven cerca de la naturaleza. Hasta pueden cultivar plantas o criar animales para ganarse la vida. La vida es tranquila allí. No escuchan los sonidos de la ciudad.

Los *suburbios* se encuentran entre la ciudad y el campo. Estos pueblos más pequeños bordean las ciudades grandes. Algunos dicen que la vida en los suburbios es mejor que la vida en la ciudad. Los suburbios son más pequeños y más tranquilos. Trasladarse puede ser más sencillo para las personas. Muchas familias viven allí. Hay parques para los niños. Los adultos pueden viajar diariamente a la ciudad para trabajar.

Las ciudades, los suburbios y las áreas rurales pueden estar cerca. Una ciudad grande puede estar rodeada por suburbios. Justo pasando los suburbios están las áreas rurales que son más tranquilas. Puede tomar algunas horas llegar allí.

A veces, a los habitantes de la ciudad les gusta visitar el campo. A las personas del campo también puede gustarles pasar tiempo en la ciudad. La mayoría de las personas se sienten felices de volver a casa, donde sea que estén.

NOMBRE:_______________________ **FECHA:**_______________

INSTRUCCIONES Lee "Vida en la ciudad y en el campo" y luego responde las preguntas.

1. ¿Qué pueden aprender todos los que lean este texto?

- (A) La vida en otros lugares también puede ser buena.
- (B) La vida en el campo es aburrida.
- (C) Las ciudades son ruidosas y sucias.
- (D) Los suburbios solo son para familias.

2. ¿Qué hacen algunas personas para trabajar en una ciudad cercana?

- (A) caminar diariamente
- (B) campear diariamente
- (C) trasladarse diariamente
- (D) correr diariamente

3. ¿Quiénes son los *habitantes de la ciudad*?

- (A) personas a las que les gustan las ciudades
- (B) personas que viven en ciudades
- (C) personas que detestan las ciudades
- (D) personas que viajan diariamente a las ciudades

4. ¿Dice el autor que la vida es mejor en la ciudad, en el campo o en los suburbios?

- (A) la ciudad
- (B) el campo
- (C) los suburbios
- (D) Cada lugar tiene cosas buenas para ofrecer.

5. ¿Qué afirmación hace el autor?

- (A) La mayoría de las personas desearían vivir en el campo.
- (B) La mayoría de las personas están felices de vivir donde viven.
- (C) Las personas que viven en la ciudad no tienen interés de visitar el campo.
- (D) Los suburbios son para las personas que disfrutan conducir.

PUNTAJE

1. ☺ 😐
2. ☺ 😐
3. ☺ 😐
4. ☺ 😐
5. ☺ 😐

____ / 5
Total

NOMBRE:_______________________ **FECHA:**_______________

PUNTAJE

___ / 4

Vuelve a leer el texto "Vida en la ciudad y en el campo".

Piensa en las diferencias entre la vida en el campo y en la ciudad.

Escribe sobre el lugar perfecto para vivir. ¿Qué hace que este lugar sea tan grandioso?

ANSWER KEY

Week 1

Day 1
1. B
2. D
3. D
4. C

Day 2
1. D
2. C
3. A
4. C

Day 3
1. C
2. A
3. B
4. C

Day 4
1. A
2. D
3. A
4. B
5. D

Day 5
Responses will vary.

Week 2

Day 1
1. D
2. C
3. C
4. A

Day 2
1. B
2. D
3. B
4. C

Day 3
1. B
2. C
3. B
4. C

Day 4
1. C
2. B
3. B
4. C
5. A

Day 5
Responses will vary.

Week 3

Day 1
1. B
2. B
3. B
4. A

Day 2
1. A
2. C
3. A
4. D

Day 3
1. D
2. C
3. B
4. B

Day 4
1. B
2. A
3. A
4. B
5. D

Day 5
Responses will vary.

Week 4

Day 1
1. A
2. D
3. B
4. C

Day 2
1. C
2. D
3. B
4. A

Day 3
1. B
2. C
3. B
4. C

Day 4
1. B
2. A
3. C
4. C
5. C

Day 5
Responses will vary.

Week 5

Day 1
1. C
2. B
3. C
4. D

Day 2
1. A
2. C
3. A
4. B

Day 3
1. B
2. A
3. D
4. B

Day 4
1. C
2. D
3. C
4. D
5. A

Day 5
Responses will vary.

Week 6

Day 1
1. B
2. D
3. B
4. D

Day 2
1. C
2. B
3. B
4. B

Day 3
1. B
2. C
3. B
4. C

Day 4
1. A
2. D
3. A
4. B
5. B

Day 5
Responses will vary.

Week 7

Day 1
1. B
2. A
3. B
4. C

Day 2
1. B
2. A
3. A
4. C

Day 3
1. B
2. C
3. B
4. A

ANSWER KEY *(cont.)*

Week 7 *(cont.)*

Day 4

1. C
2. C
3. D
4. B
5. D

Day 5

Responses will vary.

Week 8

Day 1

1. A
2. C
3. B
4. D

Day 2

1. B
2. B
3. C
4. A

Day 3

1. B
2. D
3. C
4. C

Day 4

1. C
2. B
3. A
4. D
5. C

Day 5

Responses will vary.

Week 9

Day 1

1. C
2. C
3. D
4. B

Day 2

1. B
2. A
3. B
4. D

Day 3

1. A
2. C
3. B
4. A

Day 4

1. B
2. C
3. B
4. D
5. A

Day 5

Responses will vary.

Week 10

Day 1

1. C
2. B
3. A
4. B

Day 2

1. B
2. B
3. C
4. D

Day 3

1. B
2. D
3. B
4. A

Day 4

1. B
2. A
3. D
4. D
5. C

Day 5

Responses will vary.

Week 11

Day 1

1. B
2. D
3. A
4. C

Day 2

1. A
2. C
3. B
4. B

Day 3

1. C
2. C
3. C
4. B

Day 4

1. D
2. C
3. B
4. D
5. B

Day 5

Responses will vary.

Week 12

Day 1

1. C
2. D
3. A
4. D

Day 2

1. C
2. B
3. B
4. C

Day 3

1. B
2. B
3. A
4. C

ANSWER KEY *(cont.)*

Week 12 *(cont.)*

Day 4

1. C
2. B
3. D
4. D
5. C

Day 5

Responses will vary.

Week 13

Day 1

1. C
2. D
3. C
4. D

Day 2

1. B
2. B
3. D
4. D

Day 3

1. A
2. B
3. B
4. C

Day 4

1. A
2. C
3. B
4. B
5. D

Day 5

Responses will vary.

Week 14

Day 1

1. C
2. D
3. D
4. A

Day 2

1. B
2. C
3. B
4. C

Day 3

1. B
2. C
3. A
4. B

Day 4

1. C
2. B
3. C
4. C
5. D

Day 5

Responses will vary.

Week 15

Day 1

1. A
2. B
3. D
4. A

Day 2

1. C
2. B
3. D
4. A

Day 3

1. A
2. D
3. D
4. B

Day 4

1. D
2. A
3. C
4. C
5. B

Day 5

Responses will vary.

Week 16

Day 1

1. C
2. C
3. B
4. C

Day 2

1. A
2. B
3. D
4. A

Day 3

1. D
2. C
3. C
4. B

Day 4

1. C
2. D
3. D
4. C
5. C

Day 5

Responses will vary.

Week 17

Day 1

1. C
2. A
3. A
4. B

Day 2

1. B
2. B
3. B
4. B

Day 3

1. A
2. C
3. B
4. D

ANSWER KEY *(cont.)*

Week 17 *(cont.)*

Day 4

1. C
2. A
3. C
4. B
5. C

Day 5

Responses will vary.

Week 18

Day 1

1. C
2. A
3. B
4. B

Day 2

1. B
2. A
3. C
4. D

Day 3

1. D
2. C
3. B
4. D

Day 4

1. B
2. B
3. B
4. D
5. A

Day 5

Responses will vary.

Week 19

Day 1

1. C
2. B
3. A
4. D

Day 2

1. B
2. D
3. A
4. C

Day 3

1. B
2. B
3. C
4. A

Day 4

1. A
2. B
3. B
4. B
5. D

Day 5

Responses will vary.

Week 20

Day 1

1. C
2. A
3. C
4. B

Day 2

1. D
2. B
3. B
4. C

Day 3

1. A
2. C
3. D
4. B

Day 4

1. D
2. D
3. B
4. A
5. C

Day 5

Responses will vary.

Week 21

Day 1

1. B
2. C
3. B
4. C

Day 2

1. A
2. D
3. B
4. B

Day 3

1. A
2. C
3. B
4. D

Day 4

1. D
2. A
3. C
4. D
5. A

Day 5

Responses will vary.

Week 22

Day 1

1. B
2. A
3. D
4. B

Day 2

1. B
2. B
3. C
4. D

Day 3

1. A
2. C
3. B
4. B

ANSWER KEY *(cont.)*

Week 22 *(cont.)*

Day 4
1. C
2. B
3. D
4. D
5. A

Day 5

Responses will vary.

Week 23

Day 1
1. B
2. B
3. D
4. C

Day 2
1. B
2. D
3. B
4. C

Day 3
1. B
2. B
3. D
4. C

Day 4
1. C
2. A
3. C
4. A
5. D

Day 5

Responses will vary.

Week 24

Day 1
1. B
2. C
3. C
4. B

Day 2
1. D
2. B
3. C
4. B

Day 3
1. C
2. C
3. C
4. D

Day 4
1. D
2. B
3. B
4. C
5. C

Day 5

Responses will vary.

Week 25

Day 1
1. B
2. D
3. C
4. C

Day 2
1. A
2. C
3. D
4. C

Day 3
1. A
2. A
3. A
4. C

Day 4
1. D
2. C
3. D
4. C
5. D

Day 5

Responses will vary.

Week 26

Day 1
1. A
2. C
3. D
4. C

Day 2
1. C
2. A
3. B
4. D

Day 3
1. B
2. C
3. C
4. A

Day 4
1. C
2. C
3. A
4. A
5. B

Day 5

Responses will vary.

Week 27

Day 1
1. C
2. A
3. B
4. D

Day 2
1. B
2. A
3. D
4. B

Day 3
1. B
2. B
3. C
4. A

ANSWER KEY *(cont.)*

Week 27 *(cont.)*

Day 4
1. B
2. D
3. A
4. C
5. C

Day 5
Responses will vary.

Week 28

Day 1
1. A
2. C
3. C
4. D

Day 2
1. B
2. B
3. A
4. B

Day 3
1. D
2. C
3. B
4. A

Day 4
1. C
2. D
3. C
4. B
5. C

Day 5
Responses will vary.

Week 29

Day 1
1. D
2. C
3. D
4. D

Day 2
1. B
2. B
3. B
4. A

Day 3
1. A
2. B
3. C
4. D

Day 4
1. B
2. C
3. D
4. C
5. B

Day 5
Responses will vary.

Week 30

Day 1
1. B
2. D
3. C
4. A

Day 2
1. C
2. A
3. B
4. A

Day 3
1. D
2. C
3. B
4. A

Day 4
1. B
2. A
3. A
4. C
5. C

Day 5
Responses will vary.

Week 31

Day 1
1. B
2. B
3. C
4. D

Day 2
1. B
2. B
3. D
4. C

Day 3
1. D
2. C
3. C
4. D

Day 4
1. C
2. B
3. C
4. A
5. B

Day 5
Responses will vary.

Week 32

Day 1
1. C
2. B
3. D
4. B

Day 2
1. A
2. A
3. D
4. D

Day 3
1. C
2. B
3. C
4. C

ANSWER KEY *(cont.)*

Week 32 *(cont.)*

Day 4

1. A
2. C
3. B
4. C
5. A

Day 5

Responses will vary.

Week 33

Day 1

1. B
2. A
3. B
4. B

Day 2

1. C
2. C
3. C
4. D

Day 3

1. B
2. C
3. B
4. C

Day 4

1. C
2. B
3. B
4. C
5. B

Day 5

Responses will vary.

Week 34

Day 1

1. C
2. D
3. A
4. A

Day 2

1. B
2. C
3. A
4. C

Day 3

1. D
2. B
3. C
4. C

Day 4

1. C
2. D
3. B
4. B
5. D

Day 5

Responses will vary.

Week 35

Day 1

1. B
2. B
3. C
4. A

Day 2

1. B
2. A
3. A
4. D

Day 3

1. A
2. D
3. A
4. C

Day 4

1. B
2. A
3. A
4. C
5. D

Day 5

Responses will vary.

Week 36

Day 1

1. C
2. A
3. B
4. C

Day 2

1. C
2. C
3. B
4. C

Day 3

1. D
2. B
3. B
4. B

Day 4

1. A
2. C
3. B
4. D
5. B

Day 5

Responses will vary.

REFERENCES CITED

Marzano, Robert. 2010. When Practice Makes Perfect...Sense. *Educational Leadership* 68 (3): 81–83.

National Reading Panel. 2000. Report of the National Reading Panel. *Teaching Children to Read: An Evidence-Based Assessment of the Scientific Research Literature on Reading and its Implication for Reading Instruction* (NIH Publication No. 00-4769). Washington, DC: U.S. Government Printing Office.

Rasinski, Timothy V. 2003. *The Fluent Reader: Oral Reading Strategies for Building Word Recognition, Fluency, and Comprehension*. New York: Scholastic.

———. 2006. Fluency: An Oft-Neglected Goal of the Reading Program. In *Understanding and Implementing Reading First Initiatives*, ed. C. Cummins, 60–71. Newark, DE: International Reading Association.

Wolf, Maryanne. 2005. *What is Fluency? Fluency Development: As the Bird Learns to Fly*. Scholastic professional paper. New York: ReadAbout. http://teacher.scholastic.com/products/fluencyformula/pdfs/What_is_Fluency.pdf (accessed June 8, 2007).

DIGITAL RESOURCES

Accessing the Digital Resources

The digital resources can be downloaded by following these steps:

1. Go to www.tcmpub.com/digital
2. Use the ISBN number to redeem the digital resources.
3. Respond to the question using the book.
4. Follow the prompts on the Content Cloud website to sign in or create a new account.
5. The content redeemed will now be on your My Content screen. Click on the product to look through the digital resources. All resources are available for download. Select files can be previewed, opened, and shared. For questions and assistance with your license key card, or to report a lost card, please contact Shell Education.

   mail: customerservice@tcmpub.com
   phone: 800-858-7339

CONTENTS OF THE DIGITAL RESOURCES

Teacher Resources

- Assessing Fluency
- Writing Rubric
- Practice Page Item Analysis Chart
- Student Item Analysis Chart

NOTES